# 나는
## 공부 대신
## 논어를
### 읽었다

# 나는 공부 대신
# 논어를 읽었다

초판 1쇄 발행 _ 2020년 7월 10일
초판 4쇄 발행 _ 2021년 8월 5일
개정판 1쇄 발행 _ 2022년 9월 20일

지은이 _ 김범주

펴낸곳 _ 바이북스
펴낸이 _ 윤옥초
책임 편집 _ 김태윤
책임 디자인 _ 이민영

ISBN _ 979-11-5877-307-6 03190

등록 _ 2005. 7. 12 | 제 313-2005-000148호

서울시 영등포구 선유로49길 23 아이에스비즈타워2차 1005호
편집 02)333-0812 | 마케팅 02)333-9918 | 팩스 02)333-9960
이메일 bybooks85@gmail.com
홈페이지 https://blog.naver.com/bybooks85

책값은 뒤표지에 있습니다.
책으로 아름다운 세상을 만듭니다. ― 바이북스

미래를 함께 꿈꿀 작가님의 참신한 아이디어나 원고를 기다립니다.
이메일로 접수한 원고는 검토 후 연락드리겠습니다.

* 이 도서는 한국출판문화산업진흥원의 '2020년 우수출판콘텐츠 제작 지원' 사업 선정작입니다.

대한민국 최초 중·고생 자기 계발서

# 나는
# 공부 대신
# 논어를
# 읽었다

김범주 지음

바이북스
ByBooks

# 청소년들과 부모님들께 일독을 권한다

"중이 들어온다고?"

"독서리더 과정에 스님이 등록하신건가?"

"그게 아니고요……, 중학교 2학년(중2)학생이 세미나에 신청했습니다."

놀랍기는 했지만, 처음엔 거절했다.

30~40대 성인들 중 독서와 공부의 양이 제법 된다는 분들도 3개월간의 치열한 교육과정에 혀를 내두르는 교육이다. 꽤 어려운 책 8권을 인덱싱하고 본깨적 방식 리포트를 내야 한다. 북 바인더도 만들어야 하고 독서 모임도 만들어 운영해야 한다. 그뿐 아니라 독서를 통한 현장의 변화와 성과 사례도 PPT로 발표해야 한다.

1박 2일 교육, 하루 심화과정, 매주 1회 소그룹 모임 등 학교를 다니면서 3개월 과정을 수료한다는 것은 사실상 불가능에 가까웠다.

그러나 해냈다! 중이(中2)!!

아빠의 꼬드김과 호기심에 참석한 2박 3일 단무지 독서캠프가 대구 '같이 나비' 독서 모임으로 이어졌다. 다시 3P자기경영연구소에서 운영하는 독서 리더 8기를 수료하면서 꼬리에 꼬리를 무는 놀라운 변화와 폭풍 성장이 이어졌다.

우리들 대부분은 중2를 거쳤다. 사스나 아프리카 돼지 열병보다 무섭다는 '중2병' 걸린 아이가 집에 있다. 학교 성적 하위권, 게임 중독, 중2병 학생이 독서와 논어 필사 등을 거쳐 캐나다 학교 학생회장이 되고 마침내 토론토 대학교까지 합격한 저자 범주군의 스토리는 눈물겹도록 고맙고…… 대견하고……, 감동적이다.
그러나 범주군을 여기까지 이끌어준 보이지 않는 손길에도 박수를 보낸다. 바로 꼬드김의 대가-아빠 김규석 리더님이다.

먼저 아빠의 변화를 '보여'줬다. 가르쳐서, 야단쳐서 자녀가 변하지 않는다. 보여줘야 한다. 자녀는 부모의 뒷모습을 '보고' 자란다고 하지 않던가. 어느 순간 책을 보는 아빠, 독서 모임에 참석하는 아빠, 세미나에 참석하며 공부하는 아빠의 뒷모습을 보여줬다.

사실 꼬드김(?)은 '넛지Nudge'다. 옆구리 툭 치며 가볍게 권하는 것은 사실상 고급 기술이고 강압보다 훨씬 효과적임을 《넛지》에서 입증됐다. 불구대천 원수가 아닐진대……, 우리 소중한 자녀를 위해 이 땅의 모든 아빠, 엄마가 익혀야 할 고급 기술-부드러운 개입의 실제 성공 사례, 날것이다.

홍콩, 캄보디아, 영국, 프랑스, 스위스, 이탈리아, 독일, 미국, 크로아티아, 헝가리, 보스니아, 캐나다, 러시아, 스웨덴, 덴마크, 중국 등 해외여행 기회를 통해 스스로 깨닫고 시야를 넓히고 간을 키우고 성숙해지도록 넛지했다. 범주군 부모님의 놀라운 지혜에 다시 한 번 박수를 보낸다.

무엇보다 이 책은 재밌다. 초·중·고생이 읽어도 유익하고 이 땅의 모든 아빠, 엄마의 필독서가 되길 소망한다. 특별한 사람의 평범한 이야기보다 평범한 사람의 특별한 이야기가 가슴 뭉클한 까닭이다. 무엇을 해야 할지 앞길이 깜깜한 청소년들과 가슴이 까맣게 타들어가는 부모님들께 일독을 권한다.

독서혁명가, 독서포럼 나비 회장, 3P자기경영연구소 대표
강규형

# 공부만이 최고는 아니다

나는 공부를 잘하지 못했다. 학교 성적을 얘기하자면 창피하고 부끄럽다. 하위권이었다. 등수를 앞에서 세는 것보다 뒤에서 세는 것이 더 빠를 정도였다. 이만하면 대략 눈치 챘을 것이다. 중학교 때 학교 성적은 바닥이었다. 나의 자존감은 어디에도 없었다. 공부를 못하니 기 펴고 살기 어려운 것이 우리나라 학생들의 현실이다.

누가 뭐라 하는 것도 아닌데 괜히 주눅 들었다. 공부 잘하는 친구들이 부러웠다. 학교에서는 선생님 앞에서, 집에서는 부모님 앞에서 당당할 수가 없었다. 공부만이 절대적인 가치라고 인정받는 우리 사회에서 성적이 좋지 못하면 생활하기 힘들고 불편하다. 나뿐만이 아니라 거의 모든 학생이 그러할 것이다. 앞으로 학교를 졸업하고 사회에 진출하면 공부라는 족쇄에서 풀려나 자유롭게 살아갈 수 있을까?

운동선수가 운동을 잘해야 대접받듯이 학생도 공부를 잘해야 인정받는다. 그래야 기가 산다. 그러나 운동선수라고 해서 다 운동을 잘하진 않는다. 같은 논리로, 학생이라고 해서 다 공부를 잘할 수는 없다. 중요한 것은 능력껏 열심히 노력하는 일일 것이다. 그러니 노력도 하지 않는 운동선수나 학생을 인정하지 않는 것은 당연하지만 노력하는 사람을 인정하지 않는 것은 억울한 부분이 있다.

어찌 보면 공부도 기술이며 재능이다. 공부에 재능이 있어 잘하는 사람이 있는 반면에 재능 부족으로 못하는 사람도 있다. 그런 사람이 결코 적지 않다. 잘하는 사람이 있으면 못하는 사람도 있는 것이 세상의 이치일 것이다. 그런데 공부를 잘하고 싶어도 효율적인 방법을 모르거나 기초 지식이 부족해 공부하기 힘들어하는 학생들도 많다. 노력은 많이 하는데 기술과 재능이 살짝 부족해서 좋은 결과를 내지 못하는 경우라고 말할 수 있다. 이 책이 특별한 공부 기술이나 비결을 전해주지는 못하겠지만 조금이나마 도움을 줄 수는 있을 것이다. 내가 그러한 문제를 극복한 경험이 있기 때문이다.

나는 성적으로 인해 스트레스를 많이 받지는 않았다. 좋은(?) 부모님 만나 공부에 대한 부담감은 거의 느끼지 않고 생활했다. 부모님은 오히려 공부보다는 다른 방향으로 인생에 도움이 될 만한 일을 할 수 있도록 많이 도와주셨다.

예를 들면, 독서 모임, 논어 필사, 해외여행, 미국 단기 유학 등 또래의 친구들이 공부에만 매진할 때 다양한 경험들을 체험할 수 있게 해주셨다. 그런 과정들을 통해 자신감, 자립심과 독립심을 기를 수 있었다.

자존감이 바닥을 치던 중학교 1학년 여름방학 무렵, 아버지가 독서 모임에 대해 언급을 하셨다. 처음 들었을 때는 나와는 거리가 먼 모임이라고 생각했다. 한 귀로 듣고 한 귀로 흘렸다. '책 자체를 안 좋아하는 것은 아니지만 독서 모임이라니, 그것도 어른들만 있는 곳에서'라는 생각이 강했다. 그때까지만 해도 내가 독서 모임에 나가게 될 것이라고는 꿈에도 생각지 못했다. 하지만 글을 쓰고 있는 지금 그때를 회상하면, 독서 모임에 나가게 된 것은 오늘의 나를 있게 해준 특별한 만남이었다. 만약 그때 내가 모임에 나가지 않았다면, 지금의 나는 존재하지 않았을지도 모른다.

나의 인생에서 독서 모임은 변화의 시발점이었다. 독서 모임을 통해 책과 친해질 수 있었고, 이로 인해 논어도 읽고 쓸 수 있었다. 필사를 통해 나의 글쓰기와 사고력은 향상되었고, 아버지의 믿음까지 얻을 수 있었다. 아버지의 신뢰를 통해 미국 유학도 갔다. 여러 가지 살아 있는 경험들은, 나를 독립적이고 유연한 사람으로 만들어주었다. 독서 모임을 통해 책과 친해진 일은, 지금의 나를 만들어준 내 인생의 중요한 터닝 포인트였다. 이러한 멋진 경험들이 흔들리지 않는 나무의 뿌리와 같은 존재로 나를 성장시켜주리라 믿는다. 그리고 대학 합격이라는 첫 결실도 맺었다.

학생들이 학교 공부에만 매진하고 있는 요즘 시대에 조금 다른 방법으로 성장한 나의 실천 경험들이 긍정적인 방향을 제시했으면 좋겠다. 독서와 사고력 학습이 상대적으로 많이 배제되고 있는 것이 우리 교육의 현실이다. 독서와 철학이 큰 비중을 차지하고 있는 프랑스를 포함한 유럽 국가들과 비교해본다면 우리나라의 교육 시스템은 생각해볼 여지가 많다. 학교 공부가 중요한 것은 누구도 부인할 수 없는 사실이지만 사고력과 창의력 중심의 학습도 가볍게 볼 수는 없다. 이런 내용들이 학교 현장에서 비중 있게 다루어진다면 누구나 공감하는 교육 시스템이 될 것이다.

내가 경험했던 부분들을 공유하고 싶은 마음에 이 책을 기획하게 되었다. 공부만이 최고가 아니라 다양한 방법론이 있다는 것을 제시하고 싶었다. 그러한 노력 끝에 예상을 뛰어넘는 결과가 기다리고 있다는 경험도 얻었다. 나의 움직임이 변화를 향한 희망의 작은 불빛이 되기를 바라며……

**chapter**
**4** **나를 키운 경험들**

## chapter 1

# 독서로 만난
# 내 인생의
# 터닝 포인트

# ①

# 내가 공부를
# 이렇게 못할 줄이야

어린 시절 똘똘하게 생겼다는 소리를 자주 들었다. 초등학교 5학년 때까지 들었던 것으로 기억한다. 정말 똘똘했는지는 모르겠지만, 기억나는 일이 하나 있다. 초등 4학년 때다. 사극을 보고 나서 드라마에 나오는 도령처럼 한복을 입고 《격몽요결》을 소리 내어 읽었던 적이 있었다. 그때 부모님은 이런 나의 모습을 보고 매우 흐뭇해하셨다.

부모님은 자녀 교육에 관심이 많았지만 공부 스트레스는 주지 않았다. 어머니는 내가 학교 마치고 집에 돌아오면 1시간씩 소리 내어 영어책을 읽게 한 후 놀게 했다. 그 정도가 다였다. 그 시절 초등학교에서는 중간고사와 기말고사 시험을 치렀다. 나는 전체 과목에서 6~7개 정도 틀리는 수준이었다. 초등학생 성적표에는 등수가 나오지 않아 이 성적이 높은지 낮은지 몰랐다. 부모님도 별다른 지

한복을 단정히 입고 《격몽요결》을 읽고 있는 모습 (초4)

정말 똑똑했는지는 모르겠지만,
어린 시절 똑똑하게 생겼다는 소리를 자주 들었다.
부모님은 공부 스트레스는 주지 않았다.
학교 마치고 집에 돌아오면 영어책을 읽게 한 후 놀게 했다.
**그런데 중학교 가서야 나의 수준을 알아버렸다.**
내가 공부를 이렇게 못할 줄이야.

적을 하지 않았다. 그만큼 나는 공부 스트레스 없이 초등학교 시절을 보냈다. 또래의 친구들은 5~6학년 때 학원에서 중학 영어와 수학을 공부하기도 했었다. 그런 친구들에 비하면 나의 초등학교 시절은 여유로웠다. 영어 읽기와 듣기 정도만 조금 했고 친구들보다 많이 놀았다. 그래서 큰 부담 없이 즐겁게 보냈다.

초등학교를 졸업할 무렵 남자 중학교와 남녀 공학 중 어느 학교를 선택해야 할지 고민이 많았다. 아버지는 남녀 공학을 추천하셨다. 남학생들만 있는 학교보다는 여학생들과 함께 공부하면 공부에 신경을 더 많이 쓰지 않겠냐고 말씀하셨다. 아버지의 말씀대로 1순위를 동도중학교, 2순위를 경신중학교로 정했다. 컴퓨터 추첨으로 정해지는데, 원하는 대로 1순위 동도중학교가 선택됐다. 대구 수성구 동도중학교는 전국에서도 알아주는 학업 성취도가 높은 학교였다. 그 사실을 알고는 있었지만 실제로 학교를 다녀보니 학업 성취도는 내 예상을 뛰어넘을 만큼 훨씬 높았다.

솔직히 여기에 성적을 공개하려니 부끄럽고 창피하다. 학교 성적은 숨기고 싶은 특급 비밀 가운데 하나다. 이 책의 출간만 아니었다면 영원히 비밀로 묻어두었을 것이다. 지금도 나의 친척들은 내가 공부를 이렇게 못했는지 모른다. 용기를 내 중학교 성적을 공개한다.

내가 나의 실체를 알게 된 것은 중학교 첫 시험 때였다. 중학교에 들어가 처음 치른 중간고사에서 큰 좌절감을 맛봤다. 초등학교

때와는 완전히 다른 시험공부 방법, 어려워진 시험의 수준 차이를 극복하지 못했다. 나중에 알게 된 사실이지만 시험 문제의 변별력을 위해 배우지도 않은 고학년의 문제도 출제됐다. 교과서 위주의 평이한 시험 문제를 내면 학생들의 수준이 높아 대부분 고득점을 맞아 그런 듯했다. 아무튼 첫 중간고사의 성적을 받고는 큰 충격을 받았다.

'아, 이것이 정녕 사람이 받을 수 있는 점수인가!'

첫 시험을 치렀을 뿐인데 앞으로의 중학교 3년이 머리에 그대로 그려졌다. 미래는 어두웠다. 강한 느낌이 왔다. 이대로라면 꼴등으로 졸업할 것 같았다. 처음으로 공부 때문에 자존심이 상했다. 나는 친구들의 수준을 따라잡기 위해 손에 연필을 쥐었다.

연필을 꽉 쥔 채 나름대로 열심히 기말고사 준비를 했다. 하지만 웬걸, 성적은 20점밖에 오르지 않았다. 중간고사 성적이 너무 낮았기에 20점이 올라도 반 평균에는 훨씬 미달이었다. 나는 반 평균을 까먹는 학생이었다. 어찌해야 할지 몰랐다. 한다고 했는데도 성적은 반 평균 이하였다. 담임선생님 보기 민망하고 죄송스러웠다. 초등학교 때는 잘하진 못해도 보통은 되는 줄 알았는데, 중학교에 와 보니 한숨만 나왔다. 공부로 인한 스트레스가 이만저만이 아니었다.

우리 학교 학생들의 수준은 상상 이상이었다. 나는 주위 친구들이 하는 공부 이야기에 끼어들지 못했고, 그들이 나누는 대화를 옆에서 묵묵히 듣기만 했다. 친구들로부터 보이지 않는 시선을 느꼈고, 공부로 인한 계급이 존재함을 알았다. 공부 잘하는 친구들이 우월해 보였다. 난 상대적으로 열등하게 느껴졌다. 이미 실패한 인생이란 생각이 머릿속에 가득했다. 그렇게 난 나락으로 떨어졌다. 자존감도 잃고 공부에 대한 의욕까지 잃은 채 게임만 좋아하는 학생으로 변했다.

학교가 끝나면 거의 매일 PC방에 가 몇 시간씩 게임을 하다 집에 돌아오기 일쑤였다. 집에 와서도 부모님 몰래 게임하기 바빴다. 공부와 점점 멀어질수록 게임에 깊숙이 빠져들었다. 그러면서 부모님과의 트러블도 자주 일어났다. 부정적이며 반항적으로 변했다. 반항은 사춘기 학생들의 특징이지만 공부에 자신이 없으니 다른 친구들보다 더 심했다. 나는 우리나라에서 공부 못하는 학생들의 전형적인 특징들을 다 가진 학생이 되었다.

## 2

# 800명과 함께한 떼독서로
# 인생의 때를 만나다

2014년 5월(중 1) 혼자만 있고 싶던 시기에, 한창 게임에만 빠져 살던 나에게 아버지는 한 가지 제안을 하셨다.

"2박 3일 동안 부담 없이 책 읽고, 강의 듣고, 힐링도 할 수 있는 행사가 있는데, 갈래? 아빠, 엄마랑 누나도 같이."

속으로 이렇게 생각했다.

'평생 책 읽은 시간을 따져도 하루가 안 될 텐데, 무려 3일 동안 책을 읽는다고?'

그 소리를 듣자마자 거부반응이 온몸으로 밀려왔다.

"엄마랑 누나랑 좋은 시간 보내고 오세요."

가만히 듣고 계시던 아버지가 다시 말씀하셨다.

"책은 조금만 읽고, 경치 좋은 강원도 호텔에서 편히 쉬다 오는 거야. 가면 네 또래 친구들도 많으니까 같이 놀다 오면 돼. 갔다 오면 네가 원하는 것 하나 들어줄게."

이런 제안을 받으니 조금 전과는 달리 마음이 살짝 흔들렸다. 그 당시 나는 스마트폰을 무척 가지고 싶었다. 아버지의 솔깃한 제안에 잠시 생각해보겠다고 했다. 3일만 참으면 되니 눈 한 번만 딱 감으면 되겠다는 생각이 들었다. 결국 아버지의 제안을 받아들였다.

하지만 중 3이었던 누나는 함께하지 못했다. 아버지의 말씀을 끝내 거부했다. 누나가 빠지는 바람에 나는 조금 김이 샜다. 그리고 그때까지만 해도 이 행사가 나의 인생을 바꾸어줄 터닝 포인트가 될 줄은 꿈에도 몰랐다.

강원랜드 앞에는 넓은 호수가 펼쳐져 있었고, 각종 모형이 만들어져 있었다. 호수 앞 공원은 꽃으로 가득했는데, 하늘색 건물과 꽃의 알록달록한 색상이 어우러져 화사한 분위기를 자아내고 있었다. 사람들은 공원을 걷고 있었고, 몇몇 사람들은 사진을 찍느라 분주히 움직이고 있었다. 나는 잠깐 공원에서 시간을 보내고 싶었지만, 아버지는 접수부터 하고 나중에 다시 나오자며 호텔 안으로 들어가셨다.

오후 1시쯤 도착했는데, 우리가 가장 늦게 온 줄 알았다. 가슴 졸이며 바쁘게 들어가는데, 다행히 그때 오는 사람들도 눈에 많이 띄어 안심이 되었다. 본 행사장 안으로 가는 길은 찾기가 무척 쉬웠다. 사람들이 한 방향으로 걸어가고 있어서 그냥 따라가기만 하면 되었다. 같은 티셔츠를 입은 형, 누나들이 안내까지 해주니 더욱 쉬웠다.

우리 가족은 입구에서 인원 체크를 받고, 개인 명찰과 하늘색 티셔츠, 그리고 노란 색연필을 받았다. 그러고는 사람들이 모여 독서하는 본 행사장으로 발길을 옮겼다.

행사장 안에 들어섰을 때, 나는 아주 깜짝 놀라고 말았다. 생각보다 엄청나게 큰 규모였다. 800여 명이 동시에 들어갈 수 있는 큰 행사장이었다. 나를 더욱 놀라게 한 것은 바로 큰 행사장을 가득 채운 사람들이었다. 100개가 훌쩍 넘어 보이는 원형 테이블에는 최소 5명 이상의 사람들이 둘러앉아 책을 읽거나 소곤소곤 이야기를 나누고 있었다. 태어나서 처음 보는 광경이었다. TV에서도 본 적이 없는 장면이었다. 충격이었다. 우리 가족은 행사장 규모와 분위기에 완전히 압도되었다. 정말 많은 사람들, 태어나서 처음 보는 광경에 발걸음이 무거워질 정도였다.

우리 테이블은 행사장 문 앞쪽에 있었다. 이미 와 계신 테이블 사람들과 인사를 나누고 자리에 앉았다. 아버지는 낯선 분위기가 전혀 어색하지 않은지 곧바로 직접 준비해온 책을 펼치고 읽기 시작했다. 나와 어머니는 그저 앉아만 있었다. 모든 환경과 사람들이 어색했다. 나는 잠시 테이블에 엎드렸다. 금방 잠이 왔다. 시간은 지나 오후 5시가 되었다. 강단에 오른 사회자가 행사의 시작을 알렸다. 오프닝 행사는 한 시간 정도 이어지다 끝이 났다. 솔직히 지루했다.

오후 6시에 식당으로 안내를 받았다. 역시나 같은 유니폼의 형과 누나들이 안내에 나섰다. 사람들이 너무 많은 탓에 식당에 도착해

가만히 서서 차례를 기다려야 했다. 문득 머릿속에 이런 생각이 떠올랐다.

'형, 누나들 진짜 멋있네.'

안내를 하는 형과 누나들은 대학생으로 보였다. 행사 날은 휴일이었는데, 쉬지 않고 나와 행사 진행을 돕고 있는 모습이 너무 대단해 보였다. 나도 기회가 된다면 형, 누나들과 함께 여기서 사람들을 도와주고 싶다는 생각이 들었다. 나중에 알게 된 사실인데, 대학생형, 누나들은 아무런 비용도 받지 않고 자원봉사를 하는 것이라 했다. 이 사실을 알게 되었을 때 더욱 놀랐다. 나에겐 신선한 자극이 아닐 수 없었다.

저녁 식사를 마친 후 다시 행사장으로 돌아왔다. 빨간색 안경을 쓴 아저씨가 강단 앞에 서서 다음 순서를 준비하고 있었다. 사람들이 모두 자리에 앉자 아저씨는 책 한 권을 꺼내들었다. 그러고는 이번에 선정한 공용도서라며 책의 내용에 대해 풀이해주었다. 나로서는 행사에 참석해서 첫 번째로 듣는 강연이었다. 일반적인 강의였다면 흥미가 없어 집중력을 잃었을 텐데, 그 강의는 신기하게도 나의 호기심을 불러일으켰다. 사실 그 공용도서는 사람들이 참석하기전에 혹은 행사장에 도착해 미리 읽었어야 하는 도서인데, 나는 읽지 못했다. 그런데 오히려 내용을 모르기에 더 강의에 집중하게 되었다. 그런 나의 모습에 스스로 놀랐다. 이 놀람은 독서에 흥미를 갖게 된 계기가 되었다.

원형 테이블이 100여 개가 놓여 있는 대형 행사장

800명과 함께한 떼독서,

무엇보다 가장 중요한 것은,

**열네 살의 나에게 '독서'라는 중요한 가치를**

깨닫게 해준 의미 있는 시간이었다.

나는 비로소 아버지가 같이 가자고 한 이유를 알 수 있었다.

강규형 대표의 3P자기경영연구소에서는 매년 5월이면 '단무지 (단순, 무식, 지속)' 행사를 벌인다. 이 행사를 통해 책 읽는 분위기를 만들어 가정과 사회에 긍정적인 변화를 주려고 노력한다. 내가 참석했을 때에도 유명 저자, 강사, 마술사, 가수 등을 초빙해 멋진 강의와 함께 눈과 귀를 즐겁게 해주는 공연들을 펼쳤다. 다양한 프로그램 덕분에 2박 3일이란 시간은 생각보다 빨리 지나갔다. 무척 지루할 것이라는 예상은 완전히 빗나갔다. 지금도 내게는 즐겁고 유익한 시간으로 기억되고 있다.

하지만 무엇보다 가장 중요한 것은, 열네 살의 나에게 '독서'라는 중요한 가치를 깨닫게 해준 의미 있는 시간이었다. 행사를 모두 마치고 나서 나는 비로소 아버지가 같이 가자고 한 이유를 알 수 있었다. 사람들이 함께 모여 독서를 하는 모습과 여러 좋은 강연들을 통해 긍정적인 영향을 주고 싶었던 것이다. 우리 말고도 온 가족이 함께 참석한 경우가 많았다. 나의 경우처럼, 부모님들이 자녀를 위해 함께 온 것이다. 개개인의 차이가 있겠지만 분명 그곳에 참석했던 사람들은 긍정적인 영향을 받았을 것이다. 특히 내 또래의 학생이라면 더욱 그랬을 것이다. 어린 나이에 직접 보고 체험하는 것은 큰 의미가 있고, 평생 기억에 남을 수 있다.

행사를 마치고 집으로 돌아오면서 이런 생각이 들었다.

'가길 잘한 것 같다. 내가 원하는 것도 얻고 배운 것도 많아. 알찬 시간을 보냈어.'

갈 때는 마음이 무거웠지만 돌아올 때는 홀가분하고 가벼웠다. 2014년의 2박 3일 단무지 행사는 내 인생의 전환점이자 변화의 시작이었다.

# ③

# 내가 잘하지도 않았는데

어릴 때는 아버지 얼굴 보기가 어려웠다. 아버지는 사업을 하셔서 아침 일찍 나가시고 저녁 늦게 돌아오셨다. 거의 매일 우리가 잠들면 귀가하셨다. 가끔 주말이나 휴일 아침이면 볼 수 있을 정도였다. 그때 아버지를 보면 무척 어색했다. 말도 붙이기 힘들었다. 낯설고 불편했다. 내가 어릴 때 아버지는 조금 무서웠다. 말수가 적고 잘 놀아주시지 않아 그랬던 것 같다.

아버지는 사십대에 들어서면서 갑자기 책을 읽기 시작하셨다. 내가 태어나고 처음 본 모습이었다. 나는 아버지가 독서하는 모습을 예전에는 한 번도 본 적이 없었다. 책을 읽기 시작한 뒤로 아버지는 집에 머무는 시간이 많아졌다. 아버지의 귀가가 빨라지다 보니 자연스레 아버지와 보내는 시간 또한 많아졌다. 초등학교 3학년 때 처음으로 대구 시민야구장에 프로야구를 보러 갔었다. 겨울에는 대구 실내체육관에 가서 프로농구를 관람하기도 했다. 주말이면 외식하거나 취미활동을 함께했다. 아버지와 나는 자연스레 친해졌다.

아버지가 왜 독서를 시작하게 되었는지 처음에는 알지 못했다. 나중에 들은 이야기로는, 가족들과 추억을 많이 만들기 위해 여행을 준비하는 과정에서 도서관을 찾은 것이 계기가 되었다고 한다. 여행이나 교육 관련 책들을 읽고 나니 독서 습관이 생겼고, 관심 분야도 넓어졌다고 한다. 그렇게 아버지는 책을 읽으셨고 독서 모임에도 참여하게 되었다. 단무지 행사에 가기 전부터 아버지는 독서 모임을 찾고 계셨다. 그리고 단무지 행사에서 아버지는 이재덕 회장에게 대구의 '같이 나비'라는 독서 모임을 소개받았다. 곧바로 아버지는 격주로 토요일 아침마다 '같이 나비' 독서 모임에 나가기 시작했다.

아버지는 첫 독서 모임을 다녀오신 후, 나에게 이렇게 말씀하셨다.

"모임 분위기도 좋고, 단무지 때처럼 책 읽고 사람들과 여러 가지 이야기를 나누는데, 배울 점이 많아 도움이 많이 될 것 같구나."

나도 같이 가자는 말이었다. 나는 고개를 절레절레 흔들며 독서 모임은 아직 아닌 것 같다고 손사래를 쳤다. 단무지 행사를 통해 책과 친해지게 된 것은 맞지만 아직 그렇게 좋아하는 것은 아니었다. 아버지는 석 달 동안 혼자 모임에 나가셨다. 모임에 같이 나가자고 강압적으로 말씀하실 줄 알았는데, 나의 의견을 존중해주셔서 놀라웠다.

같이 나비 독서 모임에 처음 갔을 때

아버지가 왜 독서를 시작하게 되었는지
처음에는 알지 못했다.
**가족들과 추억을 많이 만들기 위해**
관련 책들을 읽고 나니 독서 습관이 생겼고,
관심 분야도 넓어졌다고 한다.
책을 읽기 시작한 뒤로 아버지는 집에 머무는 시간이 많아졌다.
아버지의 귀가가 빨라지다 보니 자연스레
**아버지와 보내는 시간 또한 많아졌다.**

끝내는 나도 독서 모임에 나가게 되었다. 내 마음이 움직인 결정적인 이유는 대구에서 열린 김형환 작가님의 강연이었다. 특강이 있기 전날, 아버지는 나에게 달콤한 유혹을 하셨다.

"내일 김형환 작가님이라고, 유명하고 좋은 강의가 있는데, 네가 함께 간다면 용돈 10만 원 줄게."

10만 원이라는 소리에 귀가 번쩍 뜨였다. 그때 나는 사고 싶은 운동화가 있었는데 부모님 눈치만 보고 있던 중이었다. 독서 모임이 아니라 2시간만 들으면 되는 일반 강의라 부담 없이 흔쾌히 동의했다. 아버지는 조금 놀라는 눈치였다. 아버지의 예상과 달라 그랬을 것이다. 다음 날, 가는 도중에 아버지가 말씀하셨다.

"조금 이따 사람 한 명 태워서 같이 갈 거야."

"누구? 제가 모르는 사람인가요?"

"응, 부담 가질 필요는 없어."

이 말을 듣자 누구인지 호기심이 생겼다. 모르는 사람과 같이 차를 타고 간다니, 기분이 이상했다. 어느 지하철역에 도착하니, 그분이 서 계셨다. 차에 올라탄 뒤 인사를 나눴는데 첫인상이 무척 좋았다. 살집이 조금 있고, 웃는 표정이 호감을 주었다. 전체적으로 판다 인형을 떠올리게 하는 인상이었다. 아무튼 예상보다 인상이 좋아 마음이 편해졌다.

강의장에 우리가 가장 먼저 도착했다. 조금 지나자 사람들이 하나둘씩 모여들기 시작했다. 나와 아버지는 좋은 자리를 찾아 앉았다. 아버지는 제일 앞쪽에 앉자고 하셨는데, 앞자리는 너무 부담스러워 뒷자리에 앉자고 했다. 앞에 앉으면 질문을 받을 것 같아서였다. 결국 맨 뒷줄에서 한 줄 앞, 중간 쪽에 자리를 잡았다. 그 사이 판다 아저씨는 뭔가를 하며 줄곧 분주히 움직였다. 행사 관계자라는 짐작은 했지만 정확히 무슨 일은 하는지는 몰랐기에 그냥 그런가 보다 했다.

저녁 7시가 되자 사람들이 자리를 가득 채웠다. 동행했던 아저씨가 강단에 올라 마이크를 잡고 강연의 오프닝을 알렸다. 그제야 아저씨가 무언가 범상치 않은 사람이라는 것을 알 수 있었다. 멋있어 보였다. 그분은 '같이 나비' 독서 모임의 이재덕 회장이었다. 오프닝 후 김형환 작가님의 강의가 두 시간 정도 진행되었다. 정말 시간 가는 줄 모르고 들었다. 강의가 끝난 후 나와 아버지는 김형환 강사님께 사인을 받고 함께 사진을 찍었다. 아버지는 무대 정리하는 것을 도와주셨고, 그동안 난 의자에 앉아서 기다렸다. 정리가 모두 마무리된 후 아버지와 판다 아저씨가 같이 오셨다. 갈 때도 같이 간다고 했다. 내심 좋았다. 왠지 모르게 판다 아저씨가 마음에 들었다.

아저씨가 차에서 내린 후 아버지께 물었다.

"그 아저씨 누구예요? 아까 마이크 들고 진행하던데."

"'같이 나비'라는 독서 모임의 회장이야. 그 선배 푸근하고 괜찮지?"

괜찮은 사람 같았다. 사람이 좋으니 독서 모임에 호기심이 생겼고, 나가보고 싶다는 생각이 들었다. 판다 아저씨가 회장이라면 모임에서 혼자 소외당하진 않을 것 같았다. 나는 아버지에게 독서 모임에 한번 참석해보겠다고 말했다. 아버지가 나에게 권유하신 지 석 달이 지나서였다. 아버지는 5월에, 나는 8월이 돼서야 비로소 나가기로 마음먹은 것이다.

독서 모임은 토요일 오전 8시, 2주에 한 번씩 열렸다. 시간은 아침 8시부터 10시까지 2시간이었다.

"내일 몇 시까지 준비하면 돼요?"

"8시에 시작하니까 늦어도 7시 반에는 출발해야 해. 6시 반에 일어나서 씻고 준비해."

이 말을 듣고 놀랐다. 나도 모르게 속에서 불평이 나왔다.

'이렇게 이른 주말 아침에 시작하다니. 이건 새벽이잖아? 전날이 불금인데, 오는 사람이 있긴 있는 거야?'

그런데 오는 사람이 있었다. 그것도 많았다. 나는 모임 첫날 깜짝 놀랐다. 토요일 아침 일찍 참석하시는 분들이 예상 외로 많아서였다. 불금도 반납하고 자신의 성장과 개발을 위해 노력하시는 분들이 많다는 사실에 큰 자극을 받았다.

아버지는 내가 자극받은 것을 아는지 모르는지 사람들에게 나를 자랑스럽게 소개하셨다.

"오! 아빠 따라 독서 모임까지 따라오고, 대단한데!"

"학생 같은데 벌써 독서 모임에 나와? 몇 살이니? 우리 애도 이런 모임에 나오면 좋겠는데. 대단하다."

모두 대단하다는 칭찬과 격려를 아낌없이 해주셨다. 괜히 내가 무슨 큰일을 한 것 같아 속으로 뿌듯했다.

아버지와 나는 같은 자리에 앉았다. 사람들이 한결같이 말했다. 아버지와 같이 있으면 불편하다고. 따로 앉아서 토론하라고 하셨다, 그것은 내게 불가능했다. 소심하고 말주변이 없었기에 아버지 없이는 아무것도 할 수 없었기 때문이다.

전에 보았던 이재덕 회장의 오프닝으로 모임이 시작되었다. 테이블에 앉아 있는 사람들과 한 조가 되었는데, 한 명씩 돌아가며 선정된 도서에 대한 자신의 느낌을 5분 동안 말하면 되는 방식이었다. 그날 토론했던 책은 정민 작가의 《고전독서법》이었다. 책의 내용을 정확히 잘 모르기에 앞서 발표를 하신 분들의 이야기를 듣고 도서에 대해 대충 감을 잡았다. 어느 정도 듣다 보니 책의 내용을 조금 이해할 수 있었고, 무슨 말을 해야 할지도 생각이 났다.

내 차례가 되었다. 긴장이 극에 달했다. 테이블에 앉아 있던 분들이 호기심에 가득 찬 눈으로 나를 바라보고 있었다. 열네 살이 어떤 말을 할지 궁금했던 모양이다. 긴장되고 부담감이 심해 시작을 하지 못하자 아버지가 말씀하셨다.

"그냥 편하게 해. 오늘 모임이 어땠는지에 대해 말해도 좋고, 책에서 좋았던 점 하나만 집어서 말해도 되고, 이야기를 듣고 느낀 점이나 깨달은 점을 이야기해도 되고. 어떤 말도 괜찮아. 사람들 앞에서 말해본다는 것이 중요해."

아버지의 말에 조금 용기가 생겼다. 부담감을 내려놓은 채 천천히 이야기하기 시작했다. 5분이 지났다. 무슨 말을 했는지 기억이 나질 않았다. 그런데 전부 칭찬해주셨다.

'내가 무슨 말을 한 거지? 잘한 것 맞나? 칭찬받을 정도인가?'

얼떨떨했지만 어쨌든 기분은 좋았다. 5분 동안 뭐라도 말한 자신이 대견스러웠다.

'나도 말할 수 있구나! 5분 동안. 별로 긴 시간이 아니었어!'

나는 스스로를 칭찬했다.


조별토론이 끝나고 9시가 되었다. 이재덕 회장이 다시 마이크를 잡았다.

"모두 조별토론을 끝내셨나요? 그럼, 이제 전체토론을 시작하겠습니다. 모두 손을 들어 주세요. 하나, 둘, 셋 하면 각 조에서 가장 잘했다고 생각하는 사람 한 명을 지목해주세요. 아시겠죠? 하나, 둘, 셋!"

사람들이 각자 누군가를 가리켰다. 조에서 가장 많은 지목을 받은 사람이 앞으로 나와 자신이 발표했던 내용을 모두와 함께 나누는 시간이었다. 나는 절대 내가 뽑힐 것이라고는 상상도 하지 못했다. 하지만 웬걸, 선배님들의 손가락이 전부 나를 향했다. 심지어 아버지까지도 나를 지명했다.

'와! 망했다!'

이 생각뿐이었다. 머릿속이 하얬다. 5명이 모인 테이블에서도 겨우 말을 했는데, 어떻게 발표해야 할지 막막했다. 몸이 부르르 떨려왔다. 한 명씩 각 조에서 뽑힌 분들이 나와 발표를 하는데, 내 순서가 오기까지 하나도 들리지 않았다. 무슨 말을 어떻게 해야 할지 눈 앞이 깜깜했다. 아버지께 몰래 말했다.

"아빠, 나 진짜 못하겠어. 나 잘하지도 않았는데, 왜 날 시킨 거야? 아빠가 대신 나가서 해주면 안 돼?"

"아무도 너한테 기대 안 해. 그냥 나가서 아까 했던 말 그대로 똑같이 하면 돼. 너 충분히 잘했고, 또 잘할 거야."

내 순서가 다가왔다. 상단으로 쭈뼛쭈뼛 걸어 나가니 이재덕 회장이 이렇게 나를 소개했다.

"이 친구는 아버지와 함께 독서 모임에 나온 중학교 1학년 학생입니다. 우리 모임에서는 최연소 선배님이십니다. 모두 박수 한번 크게 쳐주세요."

독서 모임에서는 나이와 상관없이 사람들을 모두 선배님이라고 부른다. 연세가 많은 사람도, 어린 사람도 나이를 떠나 배울 점이 있다는 뜻이란다. 이재덕 회장의 소개에 나는 선배님들로부터 큰 박수를 받았다.

"자기소개 부탁합니다."

이재덕 회장의 말에 머릿속이 복잡했다. 소개할 것이 없는데 무엇을 소개하라는 말인가?

그래도 박수를 받고 멍하니 있을 수만은 없었다. 무슨 말이라도 해야 할 것만 같았다.

"(쭈뼛쭈뼛하며) 어…… 안녕하십니까? 제 이름은 김범주입니다. 중학교 1학년입니다."

독서 모임에서 전체발표를 하는 모습

"오! 아빠 따라 독서 모임까지 따라오고, 대단한데!"
모두 대단하다는 칭찬과 격려를 아낌없이 해주셨다.
여기까지도 대단한데 조별 대표로까지 나가 발표를 했다.
"김범주, 김범주, 김범주, 힘!"
독서 모임에서 이름을 불러주는 이유는
사람들에게 용기와 자신감을 불러주기 위해서란다.
중학교 1학년 김범주가 자존감을 가지게 된 순간이었다.

이렇게 간단히 인사를 하자 놀라운 일이 일어났다. 자리에 앉아 있던 사람들이 "김범주, 김범주, 김범주, 힘!"이라고 힘차게 외치는 것이 아닌가! 순간 당황스럽고 어찌할 바를 몰랐다. 선거 운동할 때 후보자의 이름을 연호하는 것처럼 사람들은 내 이름을 크게 3번 불러 주었다. 이름 삼창이 쑥스럽고 부담스러웠지만 나쁘진 않았다. 마치 내가 유명한 정치인이 된 기분이었다.

독서 모임에서 이름을 불러주는 이유는 사람들에게 용기와 자신감을 불러주기 위해서란다. 참 좋은 기획이다. 사람들이 공식석인 자리에서 자신의 이름을 연호해준다면 대부분 기분 좋을 것이다. 처음에는 당황스럽겠지만 한두 번 불리다 보면 금방 적응이 된다. 나도 그랬다. 나중에는 이름을 안 불러주면 오히려 섭섭할 정도다. 정치인들이 이 맛에 정치를 하나, 하는 생각이 들었다.

내가 서 있는 벽 앞에는 빔 프로젝터가 있었고, 화면을 띄우기 위해 레이저가 내 쪽을 쏘고 있었다. 레이저 덕분에 내 앞에 앉아 있는 사람들이 희미하게 보였다. 앞이 잘 보이지 않으니 긴장이 조금씩 사라지기 시작했다. 아까 테이블에서 내가 했던 말이 무엇인지 곰곰이 되새겨보았다.

그러고 시작했다. 어떻게 했는지 잘 기억이 나질 않았지만 어떻게든 시작을 했다. 몇 분이 지났는지 감이 안 잡혔다. 말은 자꾸 꼬였고, 했던 말을 반복하는 기분도 들었다. 어느 순간 아무런 생각도 들지 않았을 때 나는 허리를 90도로 굽혀 인사했다.

"이상입니다."

이상하게 나의 그 말은 똑똑히 들렸다. 머릿속은 망했다는 생각으로 가득 찼다. 했던 말을 계속 반복한 것만 같았다. 스스로에게 불만스러웠다. 그런데 인사를 마친 후 다시 허리를 펴는 순간, 아주 짜릿한 기분을 느낄 수 있었다. 박수와 환호를 열렬히 외쳐주신 것이다. 정말 꿈만 같았다.

"우와! 중학생이 정말 말을 잘하네."

"대단하다."

자리로 돌아가 앉기까지 여기저기서 칭찬의 말들과 박수를 크게 받았다. 굉장히 의아했고 믿기지 않았다. 어른들이 일부러 칭찬해주는 것 같았다. 반응이 너무 뜨거우니까 정말 그런 느낌이 들었다. 그런데 정신이 조금 들고 보니 내 생각이 틀렸다는 것을 알게 되었다. 그분들에게서 진심이 보였다.

'아, 내가 정말 잘했나?'

자리에 앉자마자 아버지에게 귓속말로 물었다.

"아빠, 나 어땠어? 괜찮았어? 같은 말 계속 반복했지?"

"아니, 진짜 잘했어. 봐! 사람들이 잘했다고 난리잖아. 장하다."

그제야 스스로가 대견스러웠다.

같은 테이블에 앉은 선배님들 또한 좋은 말씀들을 많이 해주셨다.

"아니, 애가 어떻게 이렇게 말을 잘해요? 선배님은 아들이 자랑스러우시겠어요?"

이 말을 듣자 정말 뿌듯했다.

생일 때 축하 케이크를 준비해 주셔서 감동이었다.

살면서 이렇게 큰 관심을 받아본 것은 처음이었다.
잘하지 못했음에도 불구하고
선배님들은 많은 칭찬을 해주셨다.
감사했다.

아버지가 다른 일정으로 인해 모임에 불참하실 때도
혼자 참석할 정도의 의지와 열정을 보였다.
**나는 그런 내가 좋았다.**
이것이 내 삶을 어떻게 바꿀지 짐작도 못했지만 말이다.

사람들 앞에 서기 전까진 모든 긴장감이 나를 괴롭혔다. 하지만 마치고 나니 아무것도 아닌 것 같았다. 스스로에 대한 자신감을 다시 찾게 된 시간이었다. 그동안 학교 성적이 좋지 못해 자존감이 낮았었다. 그런 내가 사람들에게 칭찬을 들으니 어깨를 펼 수 있었다. 앞으로 다른 것 또한 해낼 수 있겠다는 자신감이 생겼다.

전체발표가 모두 끝난 후 다음 회차 선정 도서를 발표하고 모임은 마무리되었다. 사람들은 모두 나에 대해 궁금해했다. 어떻게 오게 되었는지, 아버지의 강요 때문에 오게 되었는지, 중학생이 말을 어쩜 그렇게 잘하는지 물어보셨다. 예상치 못한 질문과 관심이 조금 어색했지만 나쁘진 않았다. 살면서 이렇게 큰 관심을 받아본 것은 처음이었다. 잘하지 못했음에도 불구하고 선배님들은 많은 칭찬을 해주셨다. 감사했다.

아버지와 함께 집으로 돌아가는 길에 아버지가 물으셨다.

"오늘 모임 어땠어?"

"조금 부담스러웠는데 재밌었어. 사람들도 다 잘해주시고 좋았어. 근데 나 진짜 발표 잘했어? 아니면 그냥 인사치렌가?"

"오늘 발표 진짜 잘했어. 아빠도 놀랐어. 사람들도 칭찬 많이 해주었으니까 안심해. 다 네가 잘해서 그런 거야. 사람들이 립서비스 한 거 아니야. 반응이 뜨거웠지? 진짜 대단해. 나도 네가 그렇게 발표를 잘할 줄 몰랐다. 내가 다 우쭐해진다. 아빠도 기분이 너무 좋아!"

아버지 말씀을 들으니 정말 뿌듯했다. 마치 효도를 한 기분이었다.

'살면서 부모님을 이렇게 기쁘게 한 적이 있었던가?'

잠시 생각해봤다. 떠오르는 기억이 없었다. 죄송했다.

잘하든 못하든 사람들 앞에서 발표하는 것만으로도 칭찬해주는 모임이 어디 있을까. 선한 영향력을 나누는 독서 모임이기에 가능할 것이다. 칭찬은 고래도 춤추게 한다는 말이 있듯이 이날을 계기로 나는 자신감이 생겼다. 당연히 독서 모임에도 계속 참여하고 싶다는 마음이 들었다.

나는 2016년 9월, 미국으로 떠나기 전까지 거의 빠지지 않고 모임에 참석했다. 같이 나비 독서 모임은 포근함과 따뜻함을 주었다. 가족 같은 편안함이었다. 아마도 그런 분위기이기에 토요일 이른 아침임에도 불구하고 많은 사람들이 꾸준히 참석하는 것은 아닐까. 토요일 아침의 독서 모임은 내 삶의 한 부분으로 확실히 자리 잡았다. 아버지가 다른 일정으로 인해 모임에 불참하실 때도 혼자 참석할 정도의 의지와 열정을 보였다. 나는 그런 내가 좋았다. 이것이 내 삶을 어떻게 바꿀지 짐작도 못했지만 말이다.

# 4

# 택시까지 타고 달려간 진정성

"범주야, 내일 엄마하고 일이 있어서 독서 모임 참석하기 힘든
데, 혼자 갈 수 있겠어? 혼자 한번 가볼래?"

"무슨 일? 아침 일찍 가? 그럼, 나 어떻게 가지?"

"지하철 타고 환승 한 번 하면 갈 수 있어. 아침 7시쯤 출발하면
충분할 거야."

"음! 알겠어요."

모임에 혼자 참석하는 것은 두렵지 않았다. 그동안 모임에 꾸준
히 참석하면서 대부분의 사람들과 친분을 쌓았고, 아버지와 다른
테이블에서 토론한 적도 많았기 때문이다. 하지만 혼자 가기는 처
음이었다. 집에서 승용차를 타면 가까운 거리였는데, 지하철은 환승
을 한 번 해야 했기에 시간이 걸렸다. 그래도 모임 장소에 직접 찾
아가는 것도 큰 의미가 있을 것 같아 혼자 가겠다고 했다. 원래 혼
자 어디 가는 것을 좋아하는 성격이기도 해서 신나게 지하철 노선

도를 검색해보았다.

'음. 반야월까지 가야 하니까 반월당역에서 1호선으로 갈아타면 되겠구나. 중간에 역은 왜 이렇게 많은 거야? 최소 40분은 걸리겠는데? 혹시 모르니 50분으로 잡고, 걸어가는 시간까지 감안하자. 그러면 7시에는 집에서 나와야겠다. 1시에 자고, 6시 반에 일어나자.'

나름 알차고 자세하게 계획을 세웠다.

밤 12시 30분에 화장실에 가서 양치와 세수를 했다. 방에 돌아와 자려고 누웠다. 눈을 감았다. 10분 정도 지났는데 잠이 오지 않았다. '왜 이렇게 잠이 안 오지?' 하며 휴대폰을 들었다. 시간을 보니 1시 15분이었다. 조금만 휴대폰을 하고 자자며 페이스북을 켰다. 한참 하다 보니 어느덧 2시를 넘어서고 있었다.

'너무 늦었는데? 음, 4시간만 자면 충분할 거야'.

알람을 6시 반으로 설정하고 휴대폰을 껐다. 그러고는 잠이 들었다.


아침이 되었다. 눈을 뜨고 정신을 차리고 보니 기분이 살짝 이상했다. 분명 알람 소리에 깨야 하는데 그냥 스스로 깨버린 것이다.

'아침 6시 반이면, 방안이 이렇게 밝을 리가 없는데, 왜 이렇게 밝지?'

시계를 보고는 가슴이 쿵 내려앉았다. 늦잠을 잔 것이다. 순간 하늘이 노랬다. 어찌할 바를 몰랐다.

'망했다!'

9시 5분이었다. 아침 7시, 7시 10분, 7시 30분 세 차례에 걸쳐 아버지의 부재중 전화가 들어와 있었다. 5분 내로 씻고 갈 것인지, 아니면 어차피 늦었으니까 그냥 집에서 잠이나 더 잘지 망설였다. 잠시 생각하고 결정을 내렸다.

'아무리 늦더라도 참석은 하자!'

당장 화장실로 뛰어가 양치를 했다. 세수는 안 한 채 그대로 방으로 돌아와 아무 옷이나 골라 입고 모자를 썼다. 머리를 못 감았기 때문에 머리가 떡져 있었다. 외모에 신경 쓸 여유가 없었다.

집을 나와 지하철역으로 곧장 달렸다. 휴대폰으로 시간을 보니 9시 20분이었다.

'지하철을 타면 최소 50분은 걸릴 텐데. 그러면 모임 끝나고 나서 도착하겠어.'

지갑을 확인해보았다. 다행히 지갑 안에는 현금 2만 원이 있었다. 나에게 2만 원은 큰 금액이다. 2만 원으로 일주일을 지낸다.

'아, 시간 안에 가려면 택시를 타야 하는데. 어쩔 수 없다. 택시 타자',

큰길로 나와 택시가 오기를 간절히 빌었다.

얼마 지나지 않아, 택시가 보였다. 타자마자 택시 기사님께 다급한 목소리로 말했다.

"반야월역으로 가주세요."

택시를 타고 2분 정도가 지났을 때 기사님이 나에게 말을 거셨다.

"학생, 어디 가야 하나 본데, 많이 늦었어?"

이젠 부모님 없이도 빠지지 않고 혼자 참석했다.

아버지 없이 혼자 참석한다고 하고 지각하였다.
비록 늦었지만 실수하고 잘못을 인정했다.
**실수하고 잘못했을 때 진정성 있게**
상대방이 느낄 수 있도록 최선의 노력을 해야 한다.
전화위복의 계기를 통해 많은 것을 배운 하루였다.

몹시 다급하게 택시를 탄 내가 계속 불안해하는 모습을 보였기에 궁금하셨던 모양이다.

"예, 8시까지 가야 하는데, 많이 늦었어요."

"최대한 빨리 가볼게. 그래도 한 20분은 걸릴 거야."

다행히 차는 많이 막히지 않았다. 하지만 벌써 9시 40분이 넘어서고 있었다. 혼란스러웠다.

'신청해놓고 빠지면, 회장님 보기도 그렇고 아빠한테도 미안한데 어쩌지?'

어쩔 도리가 없다는 생각이 드니 불안함은 계속 커져만 갔다.

고맙게도 기사님이 빠르게 달려준 덕분에 다행히 20분 만에 도착했지만, 시간은 벌써 9시 50분을 향해 가고 있었다. 택시비가 9,500원이 나왔지만 만 원을 드리고는 모임이 진행되는 투썸플레이스 카페로 뛰면서 들어갔다. 황급히 뛰어들어가니 회장님이 웃으며 맞이해주셨다.

"아버지한테 연락받았어. 아마 늦잠 자서 못 올 거라던데, 왔네?"

"네. 택시 타고 왔어요. 너무 늦어 죄송해요."

"괜찮아, 아무 자리나 앉아."

빈자리를 찾아서 앉았다. 내가 도착했을 때는 전체발표를 하던 중이었다. 전체발표가 끝난 뒤 단체 사진을 찍고 모임은 마무리되었다. 내가 모임에 있었던 시간은 고작 10분이었다. 게다가 친구와 약속이 있어 곧바로 가야 했다. 독서 모임 선배님들과 서둘러 인사를 나누고 허겁지겁 지하철역으로 갔다. 지하철을 타고 가는 내내 마음이 놓이질 않았다. 독서 모임에 다행히 늦게라도 참석은 했지만 10분밖에 있지 못해 아버지가 무척 화내실 것 같았다.

'이 정도면 다 컸으니 알아서 모임에 참석할 줄 알았는데 늦잠을 자다니. 정신이 있는 거야, 없는 거야?'

아버지가 이렇게 나를 야단칠 것만 같았다.

친구와 만나 점심만 먹고 일찍 집에 들어갔다. 그날은 종일 기분이 좋지 않았다. 아버지께 혼날 것 같았기 때문이다. 늦게 귀가하시기를 바랐다. 아버지는 저녁 8시쯤 돌아오셨다. 아버지를 보자마자 가슴이 쿵쿵 뛰기 시작했다. 불안했다. 아니나 다를까, 나를 부르셨다. 고개를 숙이고 말했다.

"약속을 못 지켜 죄송해요. 알람을 듣지 못해 늦잠을 잤어요. 다음에는 이런 일이 없도록 조심하겠습니다."

이제 무슨 말을 듣게 될까? 불안이 최고조에 달했을 때 돌아온 아버지의 대답은 뜻밖이었다.

"아니야, 괜찮아. 그럴 수도 있지. 아빠는 네가 10분 남겨놓고 참석했다는 사실이 놀라워. 나 같았어도 늦었으면 포기하고 안 갔을 거야. 어떻게 택시까지 타고 갈 생각을 다 했니? 놀라워. 대단해!"

나는 기어들어가는 목소리로 대답했다.

"비록 늦었지만 늦게라도 참석하는 것이 약속을 지키는 일이라 생각했어요."

"사람이 살다 보면 부득이하게 약속을 지키지 못하는 경우가 생길 수도 있어. 그럴 때 중요한 것은 얼마만큼 진정성을 상대에게 보여주느냐야. 너는 그 진정성을 택시 타고 참석하는 것으로 다 보여주었어. 약속은 지키지 못했지만 네가 한 행동은 칭찬받아 마땅해. 아빠는 네가 자랑스럽다."

아버지에게 혼날 줄 알고 겁을 먹고 있었는데 칭찬을 들으니 기분이 날아갈 것 같았다.

"택시비 얼마 줬니?"

"만 원 줬어요."

아버지는 지갑에서 오만 원 지폐를 꺼내 나에게 주었다. 택시비 만 원 외에 나머지 돈은 오늘 행동에 대한 칭찬의 의미로 준다고 하셨다. 뭔가 큰일을 해낸 것 같아 가슴 뿌듯했다.

모임에 참석하지 않았다면 아버지께 신뢰를 잃었을 뿐만 아니라 스스로 자책감에 시달렸을 것이다. 이번 일을 통해 귀한 것을 배웠다. 실수했을 때 어떻게 대처하느냐에 따라 더 좋은 결과를 만들어 낼 수도 있다는 점이다. 실수하고 잘못했을 때 진정성 있게 상대방이 느낄 수 있도록 최선을 다해야 한다는 것을 깨달았다. 전화위복의 계기를 통해 많은 것을 배운 하루였다.

# 5

# 아빠는 왜 매일
# 밥을 사요?

 

중학생 시절, 내 기억 속의 아버지는 언제나 밥을 사시는 분이었다. 독서 모임을 마치고 모임에 참석하신 분들과 대화를 조금 더 나누다 보면 시간은 늘 12시를 가리킨다. 시간이 있으신 분들은 점심을 먹고 해산하는 경우가 대부분이었다. 나와 아버지는 특별한 날을 제외하고는 거의 매번 다른 선배님들과 점심을 함께 먹고 귀가했다. 처음에는 아버지가 밥 사는 것을 알지 못했다. 시간이 조금 지나서야 식사 후 밥을 사는 사람은 거의 아버지였다는 사실을 알게되었다. 그 횟수가 지나칠 정도였다. 매번 다른 사람들의 몫까지 계산하셨다.

몇 주 정도가 지났을 무렵 아버지와 둘이 차를 타고 귀가하다가 물었다.

"아빠는 왜 항상 사람들에게 밥을 사요? 한두 명도 아니고 열 명

넘는 날이 대부분인데, 밥값이 너무 많이 나오지 않아요? 사람들끼리 더치페이 하면 되잖아요?"

아버지의 지갑을 걱정하며 속으로 이렇게 생각했다.

'사람들의 밥값을 계산하려면 돈이 많이 나갈 텐데, 진짜 괜찮아서 그러는 것일까? 그 돈으로 우리 가족 외식하고, 치킨이나 마음껏 사줬으면 좋겠는데.'

그런 생각을 하고 있는데 아빠가 애매한 대답을 했다.

"아빠가 왜 자주 밥을 사는지 궁금하니? 시간이 더 지나면 알게 될 거야."

난 불만이었다. 왜 매번 아빠만 사는 것일까?


날이 가면 갈수록 아빠가 밥을 사는 날은 더 많아졌다. 그로부터 6개월 뒤, 밥을 사는 행동에 대한 가치를 배울 수 있었다.

어느 날 아빠가 먼저 물었다.

"사회에 나가서 사람들의 마음을 얻을 수 있는 가장 쉬운 방법이 뭔지 아니?"

나는 확신에 가득 찬 목소리로 대답했다.

"착하게 내 할 일 하는 것? 신뢰받을 행동을 하는 것? 인간성이 좋은 것?"

"물론 그렇게 하는 것도 무척 중요하지. 하지만 그건 눈에 보이지 않는 부분들이야. 사람들은 직접 무엇인가를 받으면 좋아해. 그 것이 밥이든, 선물이든, 필요한 지식이나 정보든. 밥 한 끼를 예로 들어보자. 보통 한 끼 식사에 7~8천 원 정도 할 거야. 식사를 얻어 먹은 사람은 사준 사람에게 고맙다고 느끼겠지? 고맙다고 느끼면 그 사람에 대한 이미지나 호감도가 높아질 거고. 누군가에게 좋은 이미지나 마음을 얻기는 정말 어려워. 사람의 마음을 얻는 데 있어 식사는 가장 쉬우면서도 효과적인 방법이야.

누가 너한테 좋은 느낌을 가졌다고 하자. 그러면 상대방은 기회가 되면 너를 도와주고 싶은 마음이 들 거야. 어때? 넌 지금 살면서 가장 중요한 사람의 마음을 얻을 수 있는 방법을 배우고 있는 거야."

그 이야기를 듣고 깜짝 놀랐다. 사회에 나오면 사람들 간의 신뢰가 무척 중요하다는 것은 알고 있었다. 하지만 이렇게 사람의 마음을 얻는 방법은 상상도 하지 못했다. 아버지가 무척 대단하고 큰 사람으로 보였다.

"와! 아빠는 이런 걸 어떻게 알았어요? 옛날에 젊을 때도 이렇게 사람들에게 밥을 사고 그랬어요?"

"네 할아버지께 배웠단다. 할아버지는 밥값을 많이 계산하셨어. 식당에 아시는 분들이 있으면 우리 테이블뿐만 아니라 그 테이블의 밥값까지 다 계산할 정도였어. 나도 그걸 배웠지. 우린 사업을 했으니까 이미지나 평판을 무척 중요시했어."

"우리 할아버지가? 진짜? 할아버지 때부터 밥 사주는 문화가 내려온 거네요?"

"할아버지에 비하면 난 아무것도 아니야. 우리 동네에서 할아버

함께 점심 식사 후 그날의 소감을 돌아가며 말하는 모습

밥을 함께 먹고 밥값을 계산한다는 것은
상대방과의 관계를 소중하게 생각한다는
뜻임을 알게 되었다.

내 모습을 상상해봤다.
미래의 나는 제법 괜찮은 사람으로 보였다.

지를 싫어하는 사람이 한 명도 없을 정도였다. 그만큼 할아버지는 사람들에게 밥을 잘 사셨어. 물론 처신도 잘하셨고."

이 말을 듣고 나는 할아버지와 아버지에 대한 존경심이 높아졌다. 나는 흥분에 가득 찬 목소리로 말했다.

"우와! 그럼 나도 내 친구들 밥 사주고 해도 돼? 친구들이 무척 좋아하겠다."

"이 녀석아, 넌 아직 용돈 받고 사는 주제에 사줄 여유가 어디 있니? 네가 커서 직접 돈을 벌 때 하라는 소리야. 학생 때는 더치페이하는 것이 맞지."

조금 머쓱했다. 그러나 기분은 좋았다. 지금까지 아버지가 사람들에게 자주 밥을 산 이유는 정말 가치 있는 행동이었다. 그런 행동의 가치를 알게 되어 더더욱 기분이 좋았다.

"그럼 독서 모임에서도 사람들에게 밥을 사는 건 뭐예요? 사업과도 별 상관이 없는데."

"독서 모임에서 밥을 사는 건 큰 의미는 없어. 내가 나이가 제일 많고 젊은 사람들보다 경제적으로 더 나아서 그런 것뿐이야. 젊은 사람들은 대부분 경제적으로 여유가 없잖아. 아무튼 밥을 함께 먹고 밥값을 계산한다는 것은 상대방과의 관계를 소중하게 생각한다는 뜻이야. 물론 상대방을 존중한다는 의미도 포함되지. 사람은 밥을 함께 먹을 때 정이 생기고 친밀감이 들어.

이건 다른 얘기지만, 누군가와 빨리 친해지려면 커피나 차보다는 밥을 먹거나 술을 마시면 돼. 밥보다 더 빠른 건 술이고. 차를 마시면 오래 걸려. 이성적으로 상대를 대하기 때문이지. 그런데 술을 마시면 상대에 대한 경계심을 빨리 무너뜨리고 속에 있는 진심도 보다 쉽게 꺼낼 수 있어. 그러다 보면 친밀감이 금방 생기지. 이처럼 밥에는 많은 함축적인 뜻이 담겨 있어. 아빠가 생각하는 밥은 사람들과의 정이며, 관계며, 사랑이야."

나는 아버지의 속마음을 눈치 챌 수 있었다. 아버지가 나와 함께 독서 모임에 나오면서 사람들에게 밥을 사는 이유에는, 그 모습을 보여줌으로써 나에게 교훈을 주고 싶은 마음도 들어 있었다. 즉, 살아 있는 교육을 하고 싶었던 것이다.

부모가 자녀에게 직접 보여주는 모습만큼 좋은 공부는 없다. 책을 읽어야 한다는 잔소리보다 부모가 책 읽는 모습을 보여주는 것이 아이에게 더 효과적인 것처럼. 아버지가 할아버지의 모습을 보고 배웠듯이, 나도 아버지의 모습을 보고 많이 배울 수 있었다.

나도 어른이 되면 누구에게나 밥을 자주 사는 사람이 되어야겠다고 생각했다. 꼭 사업적인 관계뿐만 아니라 친구들이나 지인들에게도 밥을 자주 사면 참 좋을 것 같았다. 나는 그런 내 모습을 상상해봤다. 미래의 나는 제법 괜찮은 사람으로 보였다.

# 6

# 부모가 원하는 대로
# 자녀를 이끌 수 있는 특별 노하우

우리나라 부모님들이 공통적으로 가지고 있는 걱정거리가 하나 있다. 그것은 바로 아이와 좋은 것을 공유하고 나누고 싶은 마음이 많지만, 정작 아이들이 공감하지 못하고 잘 따르지 않는다는 점이다. 나 또한 그러했다. 이는 사춘기 아이들이 가지고 있는 특성이기도 하다.

사춘기 아이들의 특징은 부정적이며 반항적이다. 부모님이 추구하는 가치의 중요성을 이해하기에는 현실적으로 많이 부족하다. 내경우에도 당장 부모님이 나에게 무엇을 권유한다면, 부담 아닌 부담을 느끼게 된다. 그 부담을 느낀 순간 거부반응이 일어난다. 이는 어쩌면 당연한 일이다. 결국 줄다리기 같은 밀고 당김 속에서 타협점을 찾기란 결코 쉬운 일이 아니다.

만약 부모가 진정으로 아이에게 무엇을 권유하기를, 또 그들이 따르기를 바란다면 어떻게 해야 할까?

첫째, 본인이 간절히 원하는 것을 두고 협상을 해야 한다. 인간은 자신이 원하는 것과 좋아하는 것에 약한 동물이다. 나는 처음 아버지가 3P자기경영연구소의 단무지 행사를 권유하셨을 때 내 인생 최대의 거부반응을 일으켰다.

'평생 읽은 책이 10권도 안 되는데, 3일 동안 책만 읽는다고? 또 사람이 1,000명이나 돼? 난 못 가! 안 가!'

속으로 이런 생각을 하며 아빠에게 하소연했다.

"아빠, 3일 동안 있는 것은 힘들 것 같고, 간만에 휴일이니 좀 쉬고 싶어요. 엄마랑 둘이 가서 좋은 시간 보내고 오세요."

그랬더니 아버지는 곧바로 나와 타협을 하기 시작했다.

"좋다. 그럼 이번 행사에 참석하는 조건으로 네가 갖고 싶은 물건 하나 사줄게. 그러니 가는 것을 고려해봐라. 너에게 의미 있는 시간이 될 거야. 너와 같은 또래의 친구들도 많이 오니까 네가 생각하는 것만큼 지루하고 재미없진 않을 거야."

'내가 갖고 싶은 물건을 하나 사준다고? 진짜?'

마음속에서 무언가가 강하게 끌어당기는 느낌을 받았다. 당시 내가 가지고 싶던 물건은 바로 신발이었다. 10만 원 상당의 아디다스 신발인데 교복과 함께 신으면 멋있을 것 같아 마음속으로 늘 꿈만 꾸고 있었다. 당시의 내 용돈으로는 이 신발을 사기엔 역부족이었다. 아버지의 제안을 받고 솔깃해진 나는 스스로와 타협을 하기 시작했다.

'아, 그냥 3일만 참을까? 그렇게 원하는 신발을 가질 수 있는데. 한 번만 눈 딱 감고 다녀오자. 금방 지나갈 거야. 아! 얼른 행사가 빨리 끝났으면 좋겠다.'

그렇게 난 인생의 전환점을 맞이하는 기회를 얻을 수 있었다. 아버지의 달콤한 제안이 없었다면 끝내 거부감을 느끼며 따르지 않았을 것이다.

둘째, 그룹에 넣는 것이다. 사람은 혼자 있을 때 나태해지기 쉽다. 누군가 날 보고 있지 않고 간섭하지 않으면 스스로와 계속해서 타협점을 찾는다. 조금만 더 누웠다 하자, 조금만 더 영상을 보다가 하자는 등 계속 미루다가 끝내는 못하는 경우가 적지 않다.

내가 독서를 하고 논어 필사를 꾸준히 할 수 있었던 비결은 바로 함께하는 그룹이 있었기 때문이다. 격주에 한 번 독서 모임을 나갔기에 책을 2주에 한 권씩 읽는 습관을 들일 수 있었다. 매일매일 자신이 쓴 논어 필사를 공유하는 그룹이 있었기에 끝까지 완주할 수 있었다. 만약 혼자 독서 하고 논어 필사를 했다면 중도 포기했을 것이다. 하지만 함께하는 사람들이 있었기에 긍정적인 자극과 꾸준히 할 수 있는 원동력을 얻을 수 있었다. 함께는 혼자보다 더 큰 시너지 효과를 일으킨다.

그룹에서 함께하는 기회를 주자. 그렇다면 혼자 할 때보다 더 큰 힘을 얻을 수 있어 일의 완성도를 높일 수 있을 것이다. 물론 함께

할 때도 지속적인 관심은 필요하다. 한 달이나 두 달에 한 번 정도는 본인이 원하는 것을 들어주면 계속할 수 있는 동기부여가 되지 않을까.

셋째, 칭찬과 격려다. 사람은 누구나 칭찬을 받으면 기분이 좋아진다. 그저 단순한 말로 들릴 수 있지만 자라나는 청소년들에게는 큰 영향을 미친다. 독서 모임에 꾸준히 참석해 책 읽는 습관을 들였다고 그것만으로 매번 참석할 수 있을까? 주위 사람들의 칭찬과 격려가 없다면 어렵다. 모임에서 보람을 느끼지 못하고 의욕이 꺾이기 쉽다.

중학교 1학년 시절, 나는 학업으로 인해 자신감과 자존감이 낮은 학생이었다. 그 당시 나에게 자존감을 채워준 두 가지 요소는 독서와 칭찬이었다. 이 두 가지 요소를 독서 모임에서 만날 수 있었기에 2년간 꾸준히 참석할 수 있었다. 토요일 아침 8시, 사춘기 중학생이 독서 모임에 참석하니 많은 사람들로부터 칭찬을 받을 수 있었다.

여기서 중요한 점은 바로 부모님이 아닌, 남이 칭찬을 해주면 효과가 더 크다는 사실이다. 독서 모임에 나가기 시작한 후로 아버지에게 인정을 받게 되었지만, 이상하게 아버지에게 받는 칭찬은 진실로 느껴지지 않았다. 그저 부모님이니까 칭찬을 위한 칭찬을 해주는 것으로 느껴졌다. 하지만 부모님이 아닌 주위 사람들로부터 받는 칭찬에는 그런 느낌이 전혀 들지 않았다. 그래서 효과가 더 컸던 것 같다. 2년간 독서 모임에 지속해서 나올 수 있게 해준 원동력이 되기에 충분했다.

어찌 보면 나는 칭찬을 들으려고 모임에 나간 것인지도 모르겠다. 독서 모임에서 많은 것을 배울 수 있어서 좋았고, 또 내적으로 성장할 수 있어서 좋았지만 내게 가장 컸던 부분은 바로 칭찬이었다. 칭찬으로 인한 자존감 충전이었다. 요즘 자존감이 낮은 학생들이 참 많다. 낮아진 자존감은 칭찬으로 극복될 수 있다. 사실 학생들은 어딜 가나 칭찬을 듣기에 유리하다. 아직 어리기 때문이다. 그러므로 어른들의 독서 모임이더라도 망설일 것 없이 나가 보자. 다들 예쁘고 기특하게 봐줄 것이다. 주변의 그런 관심이 학생들의 잃어버린 자신감과 자존감을 지켜주지 않을까.

# 1

# 책을 읽을수록
# 질문이 늘어났지만

독서 모임은 2014년 8월부터 2016년 8월까지 2년 동안 함께했다. 2016년 9월부터는 미국 유학을 떠났기에 더 이상 참석할 수 없었다. 2년 동안 특별한 날을 제외하고는 꾸준히 모임에 나갔다. 격주의 토요일 오전은 독서 모임에 나가려고 다른 약속은 잡지 않았다. 언제부턴가 독서 모임은 내 인생의 한 부분이 되었다.

사람들이 항상 신기해하며 물어보는 질문이 있었다.

"토요일 아침에 일어나 오는 것이 힘들지 않나요?"

"독서 모임에는 어른들밖에 없는데, 어색하지 않나요?"

"아버지의 강요 때문에 오는 거 아니에요?"

이런 질문들을 받을 때마다 이렇게 대답을 하곤 했다.

"제가 오고 싶어서 오는 거예요. 처음에는 아빠의 강압도 있었지만 지금은 아니에요."

대답에다 웃음까지 섞었다. 웃으면서 대답할 수 있을 만큼 나는 독서 모임을 즐겼다. 나에게 독서 모임은 학교보다 더 중요한 공부였다. 독서 모임은 나와 책을 가깝게 만들어준 곳이었다. 독서 모임을 나가기 전의 나에게 '책'에 대한 생각을 물었다면 아마도 이렇게 대답했을 것이다.

"책을 읽으면 똑똑해지긴 하겠지만, 꼭 읽어야 하는 이유는 모르겠어요."

모임을 나오고부터 독서를 해야 하는 이유에 대해 깨닫게 되었다. 책은 세상을 바르고 현명하게 살아갈 수 있는 삶의 지혜를 제공하며, 삶에 꼭 필요한 정보를 선물한다. 책은 정보의 보고다. 우리는 선택의 순간에 갈팡질팡한다. 무엇을 먹을까 하는 작은 문제에서부터 어떤 사람을 만나야 하는지, 조직이나 회사를 어떻게 운영해야 하는지 등의 큰 문제까지 끊임없이 우리는 선택을 강요받는다. 그 요구에 부응하기 위해 책이 필요하다. 현명하고 지혜롭게 세상을 살아가기 위해선 옳고 그름을 구별할 수 있는 판단력과 통찰력이 필요하다. 책은 우리에게 그 힘을 키워준다.

판단은 자신만의 생각과 기준을 중심으로 이루어진다. 따라서 자신만의 뚜렷한 주관과 소신이 없다면 판단에 어려움을 겪는다. 그 결과 삶을 자신의 것으로 이끌지 못하게 된다. 남이 하라는 대로 움직이게 되고, 자신이 내리는 판단에 있어 확신을 갖지 못하게 된다. 책을 읽기 전에는 내가 딱 그랬다.

책을 읽은 후 나는 달라졌다. 확연히 달라진 점은 바로 '내 생각'이 생겼다는 것이다. 책을 읽기 전의 나는 생각이 없었다. 여기서 말하는 생각이란, 어떤 문제에 대한 내 개인적인 생각과 판단을 의미한다. 책을 읽기 전의 나는 어떤 문제가 생기거나 선택을 해야 하는 상황에서 확실한 내 중심이 없었다. 항상 무엇이 중요한 가치인지를 알지 못했고, 남의 의견과 생각을 그대로 따라가기 바빴다.

만약 그 시절의 나에게 철학적인 문제가 던져졌다면, 문제를 이해하지도 못하고 포기해 버렸을 것이다. 독서를 꾸준히 하고부터 나는 조금 달라졌다. 생각의 맞고 틀림을 떠나 내 개인적인 생각과 주관이 중요하다는 것을 깨닫게 되었다. 그 깨달음은 어느 정도의 판단력을 갖출 수 있게 해주었다.

그런데 책을 읽다 보면 우울해지는 순간이 있다. 책에서 본 세상과 현실은 다를 때가 많았기 때문이다. 책에서 주장하는 바른 이념과 세상은 너무나 달랐다. 그 사이, 난 무엇이 옳은 것이고 그른 것인지 판단을 할 수 없어 답답했었다. 한참 질문과 싸우다가 아버지에게 묻기도 했다. 그럴 때마다 아버지는 항상 똑같은 대답을 하셨다.

"네가 책을 더 많이 읽고 생각을 깊이 하다 보면, 자신만의 생각과 중심이 생길 거야. 그러면 질문에 대한 답을 스스로 찾을 수 있을 거야."

나를 더욱 답답하게 만드는 대답이었다. 책을 보면 볼수록 질문들은 쌓여만 갔고, 무엇이 옳고 무엇이 그른지 헷갈리기만 했다. 물

토론 전, 지난주에 좋았던 일을 말하는 모습

책을 읽은 후 나는 달라졌다.
**확연히 달라진 점은 바로 '내 생각'이 생겼다는 것이다.**
생각의 맞고 틀림을 떠나 내 개인적인 생각과 주관이
중요하다는 것을 깨닫게 되었다.

2년 동안 아버지와 함께 독서 모임을 다니면서
아버지와 많이 가까워졌다.
아버지는 철없던 사춘기 시절의 나를
한층 더 강하고 사리분별력 있는 사람으로 만들어주었다.

론 내가 아직 판단할 능력이 부족했던 탓이다. 그래도 지금 그때를 돌이켜보면, 스스로에 대한 질문들이 나를 성장시켰다고 생각한다. 스스로 고민하고 답을 구했기에 나만의 '중심 생각'이 바로 설 수 있었다.

사람들이 나에게 자주 하는 질문이 있다.

"책을 얼마나 많이 읽었어요? 가장 인상에 남는 책은 뭐예요?"

그러면 나는 이렇게 대답했다.

"저는 책을 많이 읽지 않았어요. 학생이라 학교 공부도 해야 해서 독서할 시간도 많지 않거든요. 읽은 책은 얼마 안 되지만, 저의 사고와 가치관에 큰 영향을 준 책은 있어요. 그것은 바로 《논어》에요. 아버지와 함께 논어 필사를 한 것이 사고력 향상과 나만의 중심 생각을 가지게 된 계기였어요. 고전은 우리에게 생각할 질문들을 많이 던져주는 것 같아요. 저는 책 읽을 시간이 없는 또래 친구들에게도 권하고 싶어요. 고전을 필사하면 도움이 많이 된다고요. 짧은 시간 대비 효과는 상상을 초월해요."

2년 동안 아버지와 함께 독서 모임을 다니면서 아버지와 많이 가까워졌다. 인정도 받게 되었다. 아버지께 신뢰를 받으니 자신감이 생겼고, 학교 성적이 좋지 않아도 자존감이 떨어지지 않았다. 오히려 아버지에게 칭찬받을 일이 많아져 즐겁게 생활했다. 아버지와 함께하니 아버지에 대해서도 많이 알게 되었다. 독서 모임에 참석하지 않았다면 아버지가 어떤 분인지 몰랐을 것이다. 집에서 보는 아버지와 밖에서 보는 아버지는 달랐다. 아버지에 대해 알게 되니 존경심이 높아졌다. 독서 모임을 통해 아버지의 리더십, 밥을 사는 나눔의 철학, 열심히 독서하는 습관 등을 배웠다. 아버지는 철없던 사춘기 시절의 나를 한층 더 강하고 사리분별력 있는 사람으로 만들어주었다.

아버지 다음으로 나를 '만들어준' 사람은 같이 나비의 선배님들이다. 질풍노도의 시기인 사춘기 소년을 잘 이끌어주신 같이 나비 선배님들께 감사의 말씀을 드리고 싶다. 선배님들의 응원과 칭찬, 격려가 없었더라면 지금의 나는 존재하지 못했을 것이다.

# 8

# 최연소 독서 리더에서
# 내 인생의 리더로

독서 모임 '같이 나비'는 3P자기경영연구소라는, 바인더&독서 콘텐츠 회사의 강규형 대표님이 만든 것이다. 독서 문화의 전파를 위해 '나비'라는 이름을 가진 독서 모임을 만들면서 전국으로 퍼져나가게 되었다. 본사가 서울 양재동에 있다 해서 '양재 나비'라 이름 지어지기도 했다. 현재는 전국에 500개가 넘는 나비 독서 모임이 만들어져 운영되고 있다. 대구에서는 이재덕이란 분이 처음으로 '같이 나비'라는 이름으로 독서 모임을 만들었다. 같이 나비 독서 모임을 통해 3P라는 회사에 대해 자연스럽게 알 수 있게 되었고, '바인더'라는 자기관리 시스템을 통해 독서와 학업 효과를 증진시킬 수 있었다.

3P에서는 나비 모임에 참석하는 사람들에게 책을 효과적으로 읽는 방법에 대해서 가르쳐주기도 했다. 예를 들면, 책에서 중요한

페이지는 포스트 잇을 색깔별로 페이지의 오른쪽 여백 끝에 붙인다는 등 독서할 때 큰 효과를 볼 수 있는 다양한 방법들이었다. 같이 나비 독서 모임을 다니면서 3P의 좋은 영향을 많이 받을 수 있었다.

독서 모임에 꾸준히 나가며 독서에 대한 거부감이 사라질 때 즈음이었다. 3P에서 주최하는 '독서 리더 경영 과정' 8기가 열린다는 소식을 부모님으로부터 전해 들었다. 부모님은 한 차수 앞인 '독서 리더 경영 과정' 7기를 이미 수료하신 상태였다. 처음 부모님으로부터 권유를 받았을 땐 해야 할지 말아야 할지 고민이 많았다. 약 3개월간 진행되는데 과제물도 많아 힘든 과정으로 알려져 있었다. 학생이 아닌 일반인을 대상으로 한 수업인데 약 4~5명 정도의 중도 포기자가 나올 정도로 쉽지 않은 과정이었다. 과정이 힘든 이유는 매주 선정된 책을 1권씩 읽고 정해진 양식에 맞춰 책의 내용을 정리해 제출해야 하기 때문이다. 직장 다니랴, 업무하랴, 8주 동안 이렇게 매주 제출한다는 것이 여간 어려운 일이 아니었다.

나는 직장인이 아닌 학생이었지만 직장인과 처지는 다를 바 없었다. 경영 과정이 진행되는 기간이 학교 다니는 기간과 겹치기 때문에 공부의 짐을 안고 가야 했다. 2월부터 5월까지, 2월 한 달간은 과정에 집중할 수 있겠지만 학기가 시작되는 3월부터가 문제였다. 과정에 집중할 자신이 없었다. 그러나 고민 끝에 도전해보기로 했다. 지금 아니면 나중에는 더 시간이 없을 것 같아서였다. 학기와 기간이 겹쳐 시간 관리를 더 잘해야겠다고 스스로 다짐했다.

과정을 하기로 마음먹은 만큼 무조건 수료해야 했다. 비용도 만만치 않았고, 부모님의 기대를 저버릴 순 없었다. 중2 겨울방학 때 독서 리더 경영 과정 오리엔테이션 날짜가 잡혔다. 1박 2일간 진행되었다. 오리엔테이션이 열리는 강연장에 도착하니, 몇 개의 테이블에 과정을 함께할 사람들이 이미 와 자리를 잡고 있었다. 모두 성인이었다. 듣기로는 학생이 이 과정에 참석한 적은 없다고 했다. 내가 첫 번째이고, 또 이 과정을 수료한다면 최연소 리더가 된다는 말을 들었다. 학생은 나밖에 없어 조금 부담스러웠다. 어른도 하기 힘들다는데 중학교 2학년인 내가 해낼 수 있을까 하는 우려와 걱정이 앞섰다.

간신히 마음을 다잡고 이름표가 있는 테이블로 가 자리에 앉았다. 6개의 테이블이 있었다. 각각의 테이블은 과정을 도와주는 마스터 1명과 수강생 5명으로 짜여졌다. 수강생들은 대부분 같은 지역에 거주하는 사람들로 구성되었다. 과정이 진행되는 동안 마스터와 수강생들이 한자리에 모여 진행하는 과정이 몇 차례 있기 때문에 모이기 쉽도록 거주지를 고려한 것이었다. 우리 테이블은 2명을 제외하고는 모두 경상도에 거주하는 분들이었다. 우리 테이블을 도와주는 사람은 바로 이재덕 마스터였다. 대구에서 독서 모임을 진행했기 때문에 우리 테이블을 담당하게 되었다. 평소에 좋아하던 분이 3개월간 지도할 마스터로 배정되어 안심되었다. 과정을 충분히 잘 수료할 것 같은 기분이었다.

드디어 오리엔테이션이 시작되었다. 오전 시간에는 독서 리더 경영 과정을 진행하는 이유와 3개월간 수강자들이 어떤 종류의 과제물을 제출하게 되는지에 대한 설명이 있었다. 오후 시간에는 책을 읽는 효과적인 방법과 독서와 관련된 다양한 강의들을 들었다. 처음 들어보는 내용이라 관심과 흥미가 생겼다. 몰랐던 부분들을 많이 배울 수 있어 매우 유익한 시간이었다.

독서 리더 경영 과정을 수료하기 위해서는 두 가지 핵심 과제를 해내야 했다.

첫 번째 핵심 과제는 선정도서 8권을 8주에 걸쳐 매주 1권씩 관련 과제물을 제출하는 일이었다. 일주일에 한 권씩 책을 읽고 한 주가 끝나는 일요일 자정까지 3P에서 지정한 양식에 맞춰 글을 쓴 후 제출해야 했다. 일주일에 한 권씩 독서하는 것부터 쉬운 일이 아니었다. 3P에서 강조하는 본·깨·적 형식에 맞춰야 했으므로 책을 빨리 읽을 수도 없었다.

본·깨·적이란 간략하게 말해 책을 통해 '본 것', '깨달은 것', '적용할 점'을 찾는 독서 방식이다. 선정도서 한 권을 읽고 본·깨·적할 점을 찾는 일은 시간이 많이 소요됐다. 책을 대충 읽을 수 없었다. 읽은 다음에는 일요일 자정까지 3P에서 제공한 A4 양식에 맞춰 타이핑 해 제출해야 했다. 학교나 직장을 다닌다면 책 읽을 시간이 넉넉할 수가 없었다.

계획을 짜야 했다. 8주 동안 진행된다면 2월, 3월은 책을 읽고 과제를 제출해야 하는 시간인데, 다행히 2월은 방학이라 집에서 책 읽을 시간이 충분했다. 3월에 개학하면 나머지 4권은 읽을 시간이 현저히 줄게 된다는 것이 문제였다. 힘들더라도 2월 한 달 동안 8권의 책을 미리 읽어 놔야 3월을 수월하게 보낼 수 있다고 생각했다.

오리엔테이션을 다녀온 나는 8주 동안 그야말로 책과 과제와의 싸움을 벌였다. 8권 중 처음 4권은 책의 양이 조금 적고 내용도 쉬웠다. 비교적 수월하게 읽혔고 과제를 하는 일도 크게 어렵지 않았다. 2월 한 달간은 매주 일요일까지 과제물을 제출하는 데 별 어려움이 없었다. 문제는 나머지 4권이었다. 이해하기 어려운 책들이었다. 한 달간 미리 8권을 다 읽어놓겠다는 계획과 달리 5권밖에 읽지 못했다. 3월에 개학하면 꾸준히 나머지 3권을 읽어가며 과제물을 제출하기로 계획을 수정했다. 하지만 읽기도 쉽지 않은데 양식에 맞춰 과제까지 하려니 너무 힘들었다. 상당한 노력과 인내가 필요했다.

일단 개학하니까 시간이 너무 촉박했다. 정신을 차려보면 벌써 금요일이었다. 일주일이 순식간에 지나갔다. 토요일은 평일에 못 읽은 부분을 읽기에 바빴다. 일요일은 과제물을 제출하는 마감일이라 아침부터 스트레스가 이만저만이 아니었다. 지금까지 살면서 일주일이 이렇게 빨리 지나간 적은 없었다. 정신을 못 차릴 정도로 너무나 빠르게 지나갔다. 교실에서 수업 중 몰래 책을 읽기도 했다. 오죽했으면 수업 시간에 몰래 책을 읽었을까. 쉬는 시간까지 자리에 앉아 노란 색연필을 들고 책에 밑줄을 그었던 적도 있었다. 한창 밑줄을 긋고 있는데, 한 친구가 다가와 왜 책에 밑줄을 긋느냐며 타박을 하기도 했다. 지금 생각하면 웃기기도 하다. 하지만 과제를 제출하기 위해 학교 수업 시간과 쉬는 시간에 책을 읽은 노력이 값지게 느껴진다. 스스로가 대견하게 여겨진다.

우여곡절 끝에 7주간 7권을 무사히 마무리할 수 있었다. 이제 마지막 한 권이 남았다. 8권 중 가장 어려운 책이었다. 8주차, 한 주 동안 처절한 죽음을 맛봐야 했다. 마지막 책은 글의 문법과 사용한 어휘 자체가 일반 책들과는 현저히 달랐다. 책도 두꺼웠으며 성인들도 매우 어려워하는 도서였다. 중2가 이해하기는 무리였다. 어떻게든 본 것, 깨달은 것, 적용할 점을 찾기 위해 안간힘을 썼다. 평일에도 열심히 읽었는데 좀처럼 진도가 나가지 않았다. 내용이 너무 어려웠던 나머지 손에서 책을 놓아버렸다.

금요일이 지나고 점점 과제를 제출해야 할 시간이 다가오고 있었다. 어떻게든 다 읽지 못해도 과제물만은 제출해야 했다. 일요일 아침부터 대략 앞부분만 읽고 간략하게 정리하려고 했다. 대충 정리하려고 해도 쉽게 끝나지 않았다. 글을 어떻게 쓸 것인지 계속 고민됐다. 스트레스가 극에 달했다. 우여곡절 끝에 일요일 밤 11시 50분, 마감 시간 직전에서야 겨우 짜깁기해서 제출했다. 마침내 2달간의 힘든 과정이 끝나는 순간이었다. 이제 마지막 관문만 남았다.


두 번째 핵심 과제는 수강자들 앞에서 프레젠테이션(PPT) 자료를 띄워놓고 10분 발표를 하는 것이었다. 각 팀의 조원들이 선정도서 8권 중 한 권을 골라 자신의 삶과 관련 지어 발표하는 과제였다. 다행히 나는 팀 내에서 가장 어렸기 때문에 쉬운 책을 선택해 발표할 수 있었다. 하지만 스토리를 만들어 사람들 앞에서 10분 동안 말하기란 정말 쉬운 일이 아니었다. 10분이란 시간은 짧다고 누구나 쉽게 말할 수 있을지 모르지만 그것이 '발표 시간'이라면 다르다. 실제로 발표를 해보면 10분이 1시간쯤으로 느껴질 것이다.

4월 한 달은 PPT를 만들며 발표를 준비했다. 8주간 책을 읽으며 과제를 제출하는 것보단 수월한 일이었지만, 그렇다고 만만하지는 않았다. 처음 해보는 발표라 준비할 때부터 많이 긴장되었다.

4월 말, 평일 저녁 7시에 수강생들 전원이 3P 본사에 참석했다. 성인들은 모두 정장, 나는 교복 차림이었다. 드디어 내 차례가 왔고, 강단에 섰다. 독서 모임의 발표 때와는 기분이 사뭇 달랐다. 사람들의 시선이 부담스러웠다. 발표자에게 집중하고 몰입하는 분위기였다. 준비해온 많은 멘트를 잊어버릴 것 같았다. 그래서 나는 인사와 동시에 바로 발표를 시작했다.

그런데 서 있는 자세부터 우선 불편했다. 많이 경험해보지 않아 그런 듯했다. 손과 시선을 어떻게 처리해야 할지 난감하고 어색했다. 예상치도 못한 부분에서 불편함을 느끼니 발표가 부자연스러워졌다. 당황하니, 준비한 멘트가 생각나지 않았다. 슬라이드는 모두 10장, 한 장에 1분을 예상했는데 20초만 설명하고 넘어갔다. 그렇게 10장을 모두 발표했더니 시간은 겨우 6분 지나 있었다. 4분을 더 채워야 했다. 그래야만 좋은 점수를 받을 수 있었다. 원고에도 없는 멘트를 즉석에서 만들어 해야만 했다. 마주 보이는 정면에 시계가 있어 시간은 조절할 수 있었다.

4분의 시간은 생각보다 무척 길었다. 사람들 앞에 서 있는 4분이 마치 40분처럼 느껴졌다. 겨우겨우, 공부하면서 새롭게 배우고 느낀 점 위주로 말했다. 그렇게 말하니 9분 40초였다. 10분이 이렇게나 긴 시간이란 것을 그때 처음 알았다. 억지로 발표 시간을 채우고 강단에서 내려왔다. 자리에 앉자마자 부끄러움과 창피함이 밀려왔다. 내 발표가 전혀 마음에 들지 않았다. 어디라도 숨고 싶은 심정이었다.

내 속이 이런데도 사람들과 부모님은 칭찬과 격려를 아낌없이 해주셨다. 예상 밖이었다. 중학생이 처음 하는 강의가 이 정도면 정말 훌륭했다며 칭찬이 자자했다. 그러자 준비한 대로 잘했다면 더 많은 칭찬과 박수를 받을 수 있었을 텐데, 하는 아쉬움이 컸었다. 하지만 이미 지나간 일이었다.

이젠 결과를 기다리는 일만 남았다. 며칠 뒤 이재덕 마스터로부터 과정을 통과했다는 기쁜 소식을 들었다. 큰 시험에 합격한 기분이었다. 하늘을 날아갈 것 같았고, 그동안의 고생이 눈 녹듯 사라졌다. 부모님은 정말 대단하고 대견스럽다며 칭찬을 아끼지 않으셨다. 많이 기뻐하시는 모습에 나도 기뻤다. 성인들도 힘든 과정을 어린 내가 통과해냈다는 사실이 뿌듯했다.

독서 리더 경영 과정은 나의 한계에 도전해본 시간이었다. 학교

10분 발표 때 강의를 경청하고 있는 모습

독서 리더 경영 과정은
나의 한계에 도전해본 시간이었다.
나는 이렇게 소감을 발표한 것으로 기억한다.
"최연소 리더가 되어 매우 기쁩니다.
하지만 저보다 더 어린 리더가 탄생해
이 기록이 깨졌으면 좋겠습니다."

내 마음속에서, 내가 동기부여가 되어
어린 나이의 학생들이 지금보다 독서에
더 많은 관심을 가졌으면 하는  바람이 생겨날 줄은…….

성적이 낮아 자존감이 떨어져 있었는데, 이 일을 계기로 무엇이든 노력하면 이룰 수 있다는 자신감을 얻을 수 있었다. 과정을 통과한 나는 이제부터 독서 리더였다. 게다가 '최연소'라는 영광스러운 수식어까지 받게 되었다. 스스로가 자랑스러웠다.

수료식 날, 3P자기경영연구소의 강규형 대표는 신입 리더들에게 일일이 수료장을 전달했다. 나는 강규형 대표에게 "우리 과정의 최연소 리더"라는 칭찬과 격려를 듬뿍 받았다. 수료한 리더들은 모두 강단에 서서 소감을 발표했다. 나는 이렇게 소감을 발표한 것으로 기억한다.

"최연소 리더가 되어 매우 기쁩니다. 하지만 저보다 더 어린 리더가 탄생해 이 기록이 깨졌으면 좋겠습니다."

'우와!' 하는 탄성의 소리가 여기저기서 들렸다. 참석한 분들이 모두 놀랍다는 표정이었다. 나도 놀라웠다. 내 마음속에서, 내가 동기부여가 되어 어린 나이의 학생들이 지금보다 독서에 더 많은 관심을 가졌으면 하는 바람이 생겨날 줄은.


수료식이 모두 끝나고 다시 대구로 돌아갈 준비를 하고 있을 때 전규현 코치가 잠시 보자고 했다. 나를 인터뷰하고 싶다며 2층 사무실로 데려갔다. 2층에 있는 강규형 대표의 사무실에서 인터뷰와 촬영을 진행했다. 우선 사진을 몇 장 찍고 인터뷰를 시작했다. 이름과 현재 나이, 학교, 사는 곳, 독서 리더 경영 과정에 참석하게 된 계기, 과정 중 가장 힘들었던 부분, 나에게 독서란? 등의 다양한 질문

실력과 인품을 두루 갖추신 이인희 선생님과 함께

이 던져졌다. 질문들에 한 치의 망설임도 없이 평상시 생각한 바를 솔직하고 담담하게 말했다. 내가 술술 대답을 한 덕분인지 인터뷰는 10분 만에 끝났다. 전규현 코치가 더듬거리지 않고 생각을 잘 정리해 말한다고 칭찬을 많이 해주었다.

몇 주가 지나고 메일로 실제 인터뷰 내용이 웹진에 올라갔다는 소식과 함께 웹진 첨부파일을 받았다. 태어나 처음으로 내 사진과 인터뷰 내용이 웹진에 오른 모습을 보았다. 처음 경험해보는 일이었다. 개인적으로 대단한 의미를 주었다. 마치 스타가 된 기분이었다. 학창시절 누구나 할 수 없는 특별한 경험을 했다는 것에 기분이 좋았다.

독서 리더 경영 과정을 함께하면서 가장 기억에 남는 분이 한 분

독서리더과정을 통해

# 성장의 날개를 달다!

## 최연소 독서리더 기록을 갱신한 김범주 학생

북한도 무서워한다는 중학교 2학년, 이 질풍노토의 시기에 3P독서경영
리더과정을 꿋꿋하게 진행해 나가고 있는 김범주 학생을 만나보았습니다.

전규현 에디터 ghnjeon@gmail.com

### 3P독서경영 리더과정 8기에
### 참석하게 된 계기 어떻게 되나요?

처음에 아버지께서 하라고 추천 해 주신것도
있고, 최연소 라는 욕심도 있었다. 제가 중2때
최연소로 참석하면 나중에 저보다 어린 중1이나, 초등
학생도 도전할 수 있지 않을까 하는 생각이 들어서 방
학을 이용해 참석하게 되었습니다. (김범주 학생의 아
버지는 앞서 3P독서경영 리더과정 7기를 수료함)

### 리더과정은 보통 대학생~성인이 수강을 하
### 게 되는데 난이도는 어땠나요?

리더과정을 진행하면서 힘든부분도 많았지만 과정을
진행하면서 성장한다는 확신이 생기니까 내가 넘어서
야하지 않나 하는 생각이 들었습니다.

### 언제 내가 생각이 성장했다고 느꼈나요?

2014년 8월부터 대구 같이나비에 참석하기 시작했는데, 옛날에는 내 성장, 성공을 위해서만 독서를 했지만 조금
씩 책을 읽게 되면서 나로 인해서 다른 사람들에게 좋은 영향이 갔으면 좋겠다는 생각이 들었습니다. 그리고 제
주변에 많은 것을 나눠주시는분이 계시기 때문에 계속 그런분들을 만나다 보니까, 나도 그렇게 좋은 영향을 주고
싶은 마음이 생겼어요.

(김범주 학생은 같이나비를 시작으로, 고전필사를 목적으로 하는 고나비 등 독서모임에 꾸준히 참석해오고 있다)

### 독서리더과정이 서서히 막바지에 접어들고 있다. 진행하면서 어떤 에피소드가 있었나?

처음에 제가 책을 안 읽어놓고 시작했다면 다 못했을 것 같은데, 아버지께서 한달 전부터 책을 읽어놓으라고 하셔
서 과제도서를 몇권 읽어놓았었는데, 이로 인해 시험기간에 과제를 제출하는데 큰 도움이 되었습니다.

### 9월 16일에 인증식을 하고 과정을 끝내게 될 텐데, 과정 소감과 이후 적용 계획은 어떻게 되나요?

최연소로 이 과정을 시작했다는 점에서 감명스럽고, 저로 인해서 다른 학생들도 이 과정에 도전 할 수 있고, 나아

가 대한민국 청소년들이 책과 조금이라도 더 가까워졌으면 하는 바람이 있습니다.

그리고 제가 지금까지 공부를 잘 못했는데 박상배 본부장님이 알려주셨듯이 본깨적 독서법을 학업에도 적용 해 볼 예정이고, 마인드 맵도 배우고 있는데 이 두가지를 활용하여 학업에서도 성과를 낸다면 독서를 시작하는 학생들에게 좋은 사례가 되지 않을까 하는 생각이 들어요.

### 웹진 독자분들께 하고 싶은 말이 있다면?

저도 처음에는 자기계발서 위주로 독서했었는데 오늘 발표한것처럼 논어 등 많은 책들을 접하게 되니까 제가 감히 이런말을 해도 될지 모르겠지만 대한민국의 교육 현실에 대해 살짝 아쉬운 부분이 보여요. 책도 책이지만 안타까운 부분이 교과서를 만든 사람들의 의견을 그대로 외우고 배우고 있지 않나 하는 생각이 들고, 학생들이 가치관도 없는 것 같고, 자기 의견을 못 세우는 것 같아요. 그리고 인간관계도 공부만 한다고 자동적으로 되는 것은 아니니까요. 제 생각으로는 이런 대한민국의 현실을 개선하기 위해 독서가 제일 좋겠고, 독서교육이 잘 진행되어서 학생들이 자신의 시간을 잘 사용하고 책속에 많은 경험과 기회가 있다는것을 깨닫게 되면 좋겠습니다.

### 친구에게 1권, 부모님에게 1권 책을 추천한다면?

◀ 친구들에게는 '나무를 심은 사람'을 추천하고 싶어요. 대한민국 청소년들은 아픔도 많은데 자신의 자존감을 키워줬으면 하는 책이 좋겠고, 이런 책을 보여 한번쯤은 공부를 벗어나서 내 인생을 한번 돌아볼 수 있는 계기가 되었으면 좋겠습니다.

부모님들께는 '유대인 엄마의 힘'을 추천해드리고 싶습니다. ▶ 엄마가 읽어줬으면 좋겠다고 생각하는 책이에요. 이 책은 주로 나이가 어린 아이들에 대한 내용이 많이 나오고 청소년 관련 책은 '내 아이를 위한 감정코칭'이 있는데, 책들은 비슷한 내용이 많아서 부모님들이 읽고 싶으신 책부터 읽으셔도 괜찮을 것 같아요.

### 마지막으로 김범주 학생에게 독서란 무엇인가요?

한글자로 따지면 '삶' 인 것 같습니다. 솔직히 저희가 하는 독서가 옛날 선비에 비해서는 부족하지만 그래도 독서를 통해서 많은 사람이 내적으로도, 성과로도 많은 변화가 있고 독서가 힐링도 되는 부분이 있기 때문입니다.

그리고 사람들마다 가치관이 다른데 그것들을 종합되어 있는 것이 책이니까 독서에 삶이 녹아있지 않을까 하는 생각이 듭니다.

있다. 대구에서 현직 초등학교 교사로 근무하시는 이인희 선생님이다. '놀샘(놀이 선생님)'으로 더 많이 알려진 인물이기도 하다. 놀이로 재미있게 학교 수업을 한다고 정평이 나 있는 분이다. 선생님은 인상이 부드러우며 성품이 인자하시다. 게다가 실력까지 겸비하셨다. 정말 보기 드문 존경스러운 스승님이다. 이렇게 유명한 분과 함께 할 수 있어 더 뜻깊고 의미 있는 과정이 될 수 있었다.

# 9

# 그들은 상금을 받아
# 어디에 썼을까?

중2 여름방학, 독서 모임에 함께 다니던 한 대학생 형으로부터 연락이 왔다. 현대자동차에서 주최하는 '온 드림 독서클럽 프로젝트'에 함께 참여하고 싶다는 내용이었다. 네 명이 한 조를 이루는데, 십대, 이십대, 삼십대, 사십대가 골고루 분포되는 조건이었다. 나는 십대 대표로 섭외를 받았다. 독서와 글쓰기를 위해서뿐만 아니라 성장기의 좋은 경험이 될 것 같아 흔쾌히 동참했다.

공모전에 참여할 팀이 구성되었다. 이십대는 박병관 선배, 삼십대는 송미희 선배, 사십대는 강언우 선배가 그 멤버였다. 네 명 모두 서로를 잘 아는 사이라 편하게 모임이 진행되었다. 회의 날짜와 장소를 잡고 모두 한자리에 모였다. 프로젝트에 대한 간략한 소개 후 본격적인 회의에 들어갔다.

우선 팀 이름을 '연결고리'로 지었다. 우리의 관계는 서로서로

연결고리 팀의 회의 모습

중2, 처음으로 대학생 형과 함께
독서클럽 프로젝트에 참여했다.
많은 팀 중 3등을 한 것은 잘한 일이었다.
3등 상금을 받고 우리 팀은 예정대로
'대구 클로버' 단체에 전액 기부했다.

기부로서 프로젝트는 모두 마무리되었다.
나의 조그마한 노력이 사회와 이웃을 돕는 일에
영향을 주었다는 사실이 큰 행복감을 주었다.

연결이 되어 있다는 뜻이었다. 당시 한창 인기를 끌었던 TV 프로그램 〈쇼미더머니〉에서 나온 유명한 노래의 제목이기도 해서 그 이름을 선택했다. 팀 이름을 지은 후, 독후감을 쓸 주제에 관해 이야기를 나누었다. 인간관계, 행복한 삶, 가정의 중요성 등 다양한 주제들이 나왔다. 그중에서 우리는 '가족'이라는 키워드를 주제로 삼기로 했다. 바쁘고 빠르게 돌아가는 세상 속에서 가족의 소중함을 망각하고 사는 시대가 아닌가 하는 의견이 나왔기 때문이다. 덕분에 '가족'의 의미에 대해 생각을 많이 해본 계기가 되었다.

다음은 개인 도서를 선정할 차례였다. 가족과 관련된 도서로 독후감을 써야 했다. 각자 한 권씩 총 네 권의 책이 선정되었다. 《논어》, 《가족의 발견》, 《가족이니까 그렇게 말해도 되는 줄 알았다》, 《인간 이해》로 정했다. 그중 내가 선정한 도서는 《논어》였다. 당시 한창 논어 필사를 하고 있던 시기였고, 논어에는 세상을 살아가는 이치뿐만 아니라 가족의 소중함과 부모님에 대한 효도의 중요성에 대한 글귀도 많아 선정하기에 충분했다.

회의가 끝나고 이젠 형식에 맞춰 독후감을 쓴 후 날짜에 맞춰 제출만 하면 되었다. 논어에서 부모님에 대한 예의에 관한 부분들을 찾아보았다. 이미 세 번 정도 읽었던 내용이지만 공모전을 계기로 다시 읽어보니 느낌이 또 달랐다. 살면서 놓치고 있는 부분을 보다 현실적으로 느낄 수 있었다. 예의, 효도에 대한 부분을 다 읽은 후 내 생각을 담은 독후감을 썼다. 독후감을 쓴 시기는 8월쯤이다. 그렇게 나는 여름방학을, 여름을 알차게 보냈다.

나를 달라지고 성장하게 만든 책은 역시 《논어》다. 《논어》를 읽고 필사를 하며 내 생각과 주관을 가지게 되었다. 너무 바른 말이 많아서 읽는 동안 찔리는 부분이 많았다. 지금까지의 삶을 반성하게 되었다. 부모님께 예의 바르게 행동하자는 생각은 계속 들었지만 실제로는 잘 변하지 않았었다. 논어를 읽고 아주 조금 변할 수 있었다.

나는 아버지와 함께하는 모임에서 하루에 2문장씩 논어를 필사했다. 모임 사람들 모두 공자의 말씀을 따라 적고 그 밑에 자신의 생각을 적어 카톡방에 공유했다. 나도 그 과제를 하면서 내 생각과 주관의 기초를 놓을 수 있었다. 다른 사람들의 글을 읽어보면 전혀 이해하지 못했던 문장이 쉽게 이해되기도 했다. 필사를 시작하고 5개월 지나 과거의 나와 비교했을 때 전과 많이 달라진 것을 느낄 수 있었다.

어느 책에서 말했다. "논어를 읽고 실행하지 않는다면 그것은 논어를 읽은 것이 아니다"라고. 나는 이 말에 공감한다. 하지만 공감하면서 실천을 잘하지 못했다. 이제부터라도 실천에 힘써야겠다는 마음을 다져본다. 먼저 '예의'부터 실천하고자 한다.

논어에서 가장 강조하는 것은 예의이다. 예의 중에서는 가정에서의 예의를 우선순위에 둔다. 논어 제4편 '리인'에서 공자가 이런 말씀을 하셨다.

"공자께서 말씀하셨다. 부모를 섬길 때는 잘못하시는 점이 있더라도 조심스럽게 말씀드려야 하고, 그 말을 따르지 않을 뜻을 보이더라도, 더욱 공경하여 부모의 뜻을 어겨서는 안 되며, 아무리 힘들더라도 부모를 원망해서는 안 된다."

참 많은 생각이 들게 하는 문구다. 지금의 십대들은 정말 지키기 힘든 부분일 것이다. 십대들은 부모님에게 자주 반항하는 것은 물론이고 부모님의 생각이나 방향과는 다른 행동을 많이 한다. 나 또한 그런 행동을 많이 했었다. 이 문구를 보고 반성이 많이 되었다. 부모님이 우리의 의사를 따르지 않을 때도 우리는 더욱 공경하여 부모님의 뜻을 거역해서는 안 된다. 지금 당장 실천은 되지 않겠지만 항상 마음에 새겨놓을 필요가 있다.

또한 공자께서는 이렇게도 말씀하셨다.

"부모님이 생존해 계실 때는 먼 곳으로 가서는 안 되며, 떠나갈 때는 갈 곳을 미리 정해두어야 한다."

부모님은 우리를 항상 걱정하시고 근심하신다. 우리가 하는 가장 큰 불효는 다치는 것이다. 즉, 안전이 우선이란 뜻이다. 우리는 항상 부모님께 어디 가야 할 일이 있으면 어디를 간다고 보고를 해야 한다. 떨어져 있는 중에는 자주 연락을 드려 안부를 전해야 한다. 누구나 알고 있는 내용이지만 행동으로는 잘 안 된다. 문자나 전화를 드리지도 않고 늦게 귀가하는 것이 습관이 된 우리. 이것이 사춘기를 겪고 있는 학생들의 일반적인 모습이다.

　부모님이 자녀를 이해해주어야 하는 부분도 있지만, 실제로 부모님들은 자녀의 생각보다 훨씬 더 많이 이해해주고 있다. 한 번쯤은 자녀가 부모님의 마음을 이해해보고 예의를 표현해보면 어떨까? 있을 때 잘하라는 말이 있다. 있을 때 잘하지 못한 것을 시간이 지나야 깨닫고 후회하는 경우가 많다. 나는 논어를 통해 이런 시행착오를 줄이는 사람이 되어야겠다고 생각했다.


　나는 삶의 기준이자 초점을 행복에 두고 있다. 내가 행복하게 사는 모습이 부모님에 대한 효의 시작이라 생각한다. 또한 최고의 효라고 믿는다. 내가 생각하는 행복은 보편적인 가치의 행복과는 조금 다를지도 모르겠다. 나는 참된 인생, 자연의 아름다움, 내면의 아름다움을 채우면서 행복을 맛보고 싶다.

　우리는 지금 행복한 세상 속에서 스스로 암울하게 살아가고 있는 것은 아닌지 돌아볼 필요가 있다고 생각한다. 작은 것 하나에도 행복해하는 연습이 필요하다. 행복은 우리 주변에 널려 있다. 결코 멀리 있지 않다. 하루하루 바쁘게 살아가는 사람들은 행복을 느낄 겨를도 없이 삶을 힘들어할지도 모르겠다. 그래도 바쁜 일과 속에서 여유를 찾아야 하지 않을까? 나는 남을 웃겨주는 사람들이 좋다. 상대방을 위해 자신의 체면을 버리고 남에게 행복을 가져다주는 사람들이라고 생각한다. 그들이라고 해서 일상이 늘 한가롭지만은 않을 것이다. 바쁜 일상 속에서도 남을 위해 웃음을 주려는 여유를 가지려 노력한 결과가 유머로 나오는 것이 아닐까.

삶은 절대 혼자가 아니다. 미국에서는 엘리베이터에서 예절이 나타난다고 한다. 미국 사람들은 엘리베이터를 타면 다른 사람의 층을 대신 눌러준다고 한다. 남을 위해 작은 배려를 베푸는 것이다. 이러한 배려를 받는 사람은 물론 주는 사람도 작은 행복을 느낄 것 같다. 만약 당신이라면 어떻겠는가? 다른 사람이 엘리베이터에서 당신의 층을 대신 눌러준다면? 별것 아니지만 감사와 기쁨을 느낄 것이다. 우리는 사소한 것에 행복을 느낄 수 있다. 사소한 것을 주고받음으로써 행복을 나눌 수 있다. 행복을 선물하기란 어려운 일이 아니다. 지금 당장 주위에 있는 사람들에게 실천해보자. 당신도, 상대방도 모두 행복해질 것이다.

지금까지 말한 모든 내용은 논어에 있다. 논어는 참된 인생을 추구하고 혼탁한 세상 속에서 행복을 찾으라고 말한다. 나는 이것이 우리 모두의 평생 과제라고 생각한다. 행복을 위해 천천히 가보자. 느리게 생활해보자. 그리고 주변을 둘러보자. 그곳에 행복이 있을 것이다.

온 드림 독서클럽 프로젝트에 제출했던 《논어》 독후감에 이 내용을 고스란히 담았다. 논어 속의 예와 효도에 관한 이야기를 서술하다가 행복으로 마무리 지었다. 지금 그 독후감을 다시 읽어 보면 조금 횡설수설하는 느낌도 있지만, 참 신기하다. 중2 때의 생각이 대견하기도 하며, 지금보다 훨씬 나은 것 같다는 생각도 든다. 당시는 한창 독서에 빠져 있던 시기라 참 다양한 생각을 하려고 노력했던 것 같다.

연결고리 팀 4명 모두 독후감을 제출했다. 그리고 함께 결과를 기다렸다. 1등부터 5등까지는 상금이 있는 프로젝트였다. 우리 팀은 상금을 받게 된다면 '대구 클로버'라는 단체에 기부하기로 했다. 이 단체는 미혼모자 공동생활가정을 운영하는 단체였다. 홀로 아동을 양육하는 미혼모자 가정에 양육비, 양육 물품, 의료서비스를 제공해 아이가 어머니의 품에서 안정적으로 성장하도록 지원한다. 약 2주 정도 기다리자 심사결과가 나왔다. 전체 3등이었다. 1등을 하지 못해 조금 아쉬웠지만 많은 팀 중 3등을 한 것은 잘한 일이었다. 3등 상금을 받고 우리 팀은 예정대로 '대구 클로버' 단체에 전액 기부했다. 기부로서 프로젝트는 모두 마무리되었다. 정말 의미 있는 일을 했다는 생각이 들었다. 독서 활동으로 받은 상금을 사회복지와 이웃을 위해 사용해 뿌듯했다. 나의 조그마한 노력이 사회와 이웃을 돕는 일에 영향을 주었다는 사실이 큰 행복감을 주었다. 함께 해준 선배님들께 감사의 말씀을 전한다.

chapter 2

# 십대,
# 논어로 살아내다

# 1

## 나의 한계를 시험하는 프로젝트

2015년 아버지는 어떤 프로그램의 과제 하나로 모임을 만들어야 했다. 인원은 본인 포함 5명 이상이었다. 논어 필사 모임이었다. 처음에 나는 필사를 함께할 사람으로 지목되지 않았다. 아버지는 사람을 섭외하다가 모으기가 힘들어 마지막 한 명이 비는 상황이 되었다. 그래서 어쩔 수 없이 인원 충족용으로 참여하게 되었다. 그 과정에서 많은 말들이 오고 갔다. 처음에 나는 학교와 학원 가기도 바쁘니 다른 사람을 구해보라고 했다. 필사의 필자도 모르니 다른 사람 구해서 하는 것이 더 효율적이라는 논리를 펼치며 아버지와 긴 실랑이를 벌였다. 그러나 결국엔 내 의사와 관계없이 반강제적으로 모임에 끌려들어가게 되었다.

며칠 후, 첫 모임이 열렸다. 함께 참여하시는 분들과 모여 모임의 방향을 잡았다. 다행히 한 분은 예전부터 안면이 있어 많이 어색하진 않았다. 다른 두 분은 초면이라 불편했다. 삼십대 한 분, 사십대 두 분이라 십대인 나는 어른들끼리 나누는 이야기가 전혀 공감되지 않았다. 조용히 앉아 듣기만 했다. 지루했으며 빨리 자리를 뜨고 싶었다. '이 자리에 내가 왜 있지?' 하는 한심한 생각만 들었다. 하고 싶지 않다는 마음만 더 확고하게 굳어져 갔다. 게다가 어떤 분은 이런 이야기까지 했다.

"신선한 십대의 생각이 어떤지 궁금하네요. 기대됩니다!"

멘붕이 왔다. 도망가고 싶었다. 그러나 꼼짝도 할 수 없었다. 어쩔 수 없이 필사를 더 열심히 해야 하는 분위기가 돼 부담만 잔뜩 지고 돌아오게 되었다. 생각하니 억울했다. 나를 위한 필사가 아닌 아버지와 어른들을 위한 필사 같았다. 온전한 나만의 생각을 담지 못할 것 같았다. 걱정부터 앞섰다. 물론 아버지는 나에게 아무도 기대를 안 한다고 했다. 부담을 덜어주려는 말이었지만 그래도 신경이 많이 쓰였다.


논어 필사는 나의 한계를 시험해보는 프로젝트로 변했다. 평일엔 학교와 학원을 가느라 늘 시간이 부족했다. 필사할 시간적인 여유가 없었다. 처음에는 필사하지 않고 버텼다. 모임의 규칙은 매일 2문장씩 써서 카톡방에 사진 찍어 올리는 것이었다. 나 빼고 다른 분들은 매일 2문장씩 하루도 빠짐없이 올렸다. 아버지의 독촉이 시작됐다. 대충이라도 써서 사진 찍어 올리라 했다. 처음에는 건성으로 대충 적었다. 대충 적으니 이번엔 제대로 쓰라는 잔소리로 변했다. 아버지는 늘 제일 먼저 카톡방에 올렸다. 성실했으며 아주 모범

적이었다. 너무 착실해 얄미웠다. 나도 어쩔 수 없이 해야만 하는 상황으로 몰리고 있었다. 지속적인 잔소리가 시작됐다. 아버지의 잔소리는 날로 심해졌다.

버티다 못해 잔소리가 듣기 싫어 달리 생각하기로 했다. "피할 수 없으면 즐겨라"는 말이 있듯이 내 삶에 한 번의 큰 의식적인 변화가 필요했고, 그 변화를 필사를 계기로 만들어보자고 결심했다. 어차피 해야 한다면 건성으로 하지 말고 할 수 있는 만큼 해보자고 생각했다. 처음 두 달은 여전히 건성으로 성의 없이 대충 적었다. 그런데도 두 달이 지나자 조금의 변화가 느껴졌다. 변화가 느껴지니 필사에 탄력이 붙었다. 탄력을 받자 더 효과적인 결과물을 만들어 낼 수 있었다.


어떤 새로운 일을 시작하면 임계점에 어떻게 도달하느냐가 문제다. 임계점에 도달하기 전에는 어디까지 왔는지 도무지 느낄 수가 없기 때문이다. 물은 100℃가 되어야 비로소 끓기 시작한다. 99℃ 까지는 아무런 변화도 일어나지 않는다. 이처럼 우리의 임계점은 눈에 보이지 않고 느낄 수도 없다. 하지만 자신의 위치를 인식하게 되면 일에 탄력이 붙고 자신감이 생기기 시작한다. 끝까지 참고 견디는 자가 아름다운 결과를 맞이한다. 한 가지 확실한 것은 임계점을 통과하기까지 자신도 모르게 성장하고 있다는 사실이다. 과정 중에는 잘 못 느끼지만 힘들게 임계점에 도달하면 성장한 자신의 모습이 희미하게나마 보인다.

논어 필사 모임 멤버들

사람의 인생은 어디에서 누구를 만나고
무엇을 하느냐에 따라 달라진다는 말이 있다.
아버지의 반강제성이 없었다면,
나는 필사하지 않았을 것이고
성장의 기회 또한 잡지 못했을 것이다.
자의든 타의든, 지금은 필사를 통해 많이 성장했음을 느낀다.

**독서 모임과 필사는 내 삶의 터닝 포인트였다.**

사람의 인생은 어디에서 누구를 만나고 무엇을 하느냐에 따라 달라진다는 말이 있다. 아버지의 반강제성이 없었다면, 나는 필사하지 않았을 것이고 성장의 기회 또한 잡지 못했을 것이다. 자의든 타의든, 지금은 필사를 통해 많이 성장했음을 느낀다. 독서 모임도 그렇지만 필사도 내 삶의 터닝 포인트라는 생각이 든다. 필사를 통해 세상의 이치와 원리, 인간의 본성, 인간에 대한 이해, 사람들과의 관계, 생각하는 힘, 글 쓰는 능력 등에 대해 많이 배우고 깨달을 수 있었다.

# 2

# 논어가 사랑받는 이유

　중학교 2학년 때와 고등학교 1학년 때를 비교하면 개인적으로 많은 변화가 있었다. 스스로 성장했음을 느낀다. 단순한 물리적인 나이로만 성장한 것은 아니다. 일단 배경지식이 넓어졌다. 그러나 무엇보다 의미 있는 변화는 바로 인간의 본성에 대한 이해였다. 사람 보는 눈이 생긴 것이다. 논어를 필사하기 전에는 사람을 볼 때 단순한 기준을 적용했다. 한마디로 부모님이 인정하시는 분들만 좋다고 생각했었다. 스스로의 시각으로 사람을 보는 눈이 없었다. 물론 지금 그 시각이 많이 나아졌다는 뜻은 아니다. 한 단계 성장했다는 의미다.

　지금은 누군가를 만나면 나의 시각으로 그 사람이 어떤 사람인지 알아보려 노력한다. 그 사람에 대한 나의 판단이 맞는지 아버지와 함께 공유도 한다. 의견을 나누다 보면 아버지와 나의 판단이 비슷할 때가 있다. 그런 경우가 점점 많아지기 시작했다. 사람들의 작

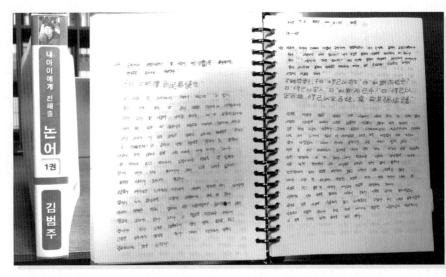

논어 필사 바인드

고전은 나이를 초월한다.
직접 경험해보지 않아도 그 속에 담긴 일화를 통해
여러 깨달음을 얻을 수 있다.
이것이 우리가 논어를 비롯한 고전을 읽어야만 하는
가장 큰 이유 중 하나다.
논어에는, 고전에는 인간과 세상이 존재한다.

은 행동을 보면 대략 알 수 있다. 심성은 어떤지, 가까이해야 할 사람인지, 가까이하면 안 되는 사람인지 구별이 된다. 아버지가 늘 일관되게 강조하시는 부분은 사람의 인성이다. 인성과 심성 좋은 사람들을 가까이하면 자신도 모르게 좋은 부분들을 닮아간다. 반면 가까이하면 안 되는 사람들도 있다. 말을 자주 바꾸는 사람, 질투심이 강한 사람, 부정적인 사람, 험담을 잘하는 사람, 약속을 잘 지키지 않는 사람 등이 피해야 할 부류들이다.

사람을 선별할 수 있는 안목과 통찰은 삶을 사는 데 중요한 부분이다. 특히 리더의 위치에 있다면 필수적인 사항이다. 작은 습관 하나만 봐도 그 사람에 대해 대략은 알 수 있다. 작지만 좋은 습관들은 사람을 판단하는 기준이 된다. 인사 잘하기, 약속 잘 지키기, 성실한 모습, 솔선수범하며 책임감 있는 자세 등은 우리가 가장 기본적으로 갖추어야 할 덕목이 아닐까?

사람을 향한 나의 시각을 아버지는 조금씩 인정해주시기 시작했다. 논어 필사의 힘이었다. 만약 필사하지 않았다면 나는 여전히 제자리에 머물러 있었을 것이다. 논어에는 다양한 부류의 사람들이 나온다. 개개인의 특별한 일화들에 대한 질문에 공자께서 가르침을 준다. 논어는 일화들에 따른 공자의 깨달음을 그의 제자들에게 이야기한 것을 모은 책이다. 나는 논어를 필사하면서 사람에 대해 배울 수 있었고, 어떤 사람들이 존재하는지 알게 되었다. 사람이 사람으로서 해야 할 일과 하지 말아야 할 일 또한 공자로부터 배울 수 있었다. 논어란 책이 2,500년이 지난 현재까지도 사람들로부터 사랑받고 인정받는 이유가 바로 여기에 있다.

공자가 살았던 시대와 2,500년 지난 현대는 사람을 제외한 모든 것이 바뀌었다. 이 순간에도 미래를 향한 변화와 혁신은 지속되고 있다. 사람을 제외한 모든 것이 변화된 지금, 2,500년 전의 도서가 어떻게 현존할 수 있으며, 나아가 사람들로부터 사랑을 받을 수 있었을까? 그것은 바로 시대의 변화와 상관없이 변하지 않는 인간의 본성과 기본 덕목을 다루고 있기 때문이다. 2,500년 전의 인류와 현대의 인류가 서로 다르다고 할 수 있을까? 사람이 존재하는 곳이라면 시대를 불문하고 인간의 본성은 변하지 않는다. 과거의 인류와 지금의 인류가 추구하는 올바른 가치는 여전히 같다. 누군가를 미워하는 마음, 누군가를 사랑하는 마음 등 사람의 본성 또한 다르지 않다.

나는 논어뿐만 아니라 고전 속에 길이 있다고 믿는다. 고전을 공부하면 사람에 대해 알게 되며 미래를 예측할 수 있는 예지력과 통찰력을 배울 수 있다. 조선 시대 왕손들도 이를 알았기에 어려서부터 논어, 맹자, 대학, 중용 등 고전 서적들을 공부하고, 입이 붙어 터질 정도로 외우고 또 외웠는지 모른다. 과거의 지혜를 배워 미래를 준비하기 위함이었을 것이다.

한 예로, 세종대왕을 들 수 있다. 세종은 젊은 나이에 왕위에 올랐다. 이십대였지만 노련한 대학자이자 학식이 풍부한 여러 신하들과 토론을 자주 즐겼다. 그들과 비교하여 전혀 부족함이 느껴지지 않을 정도로 총명했다. 나이가 젊고 경험이 많이 부족했던 세종을 뒷받침해주었던 것은 바로 고전의 힘이 아니었을까? 세종은 논어를 100번 이상 읽고 모두 외웠다고 한다. 이 외에도 다양한 고전들을 읽고 외우며 많은 깨달음을 얻었다. 그렇게 고전을 공부한 덕에 조선 왕 가운데 가장 위대한 군주로 우리는 기억하고 있다.

고전은 나이를 초월한다. 직접 경험해보지 않아도 그 속에 담긴 일화를 통해 여러 깨달음을 얻을 수 있다. 이것이 우리가 논어를 비롯한 고전을 읽어야만 하는 가장 큰 이유 중 하나다. 논어에는, 고전에는 인간과 세상이 존재한다.


논어 이야기를 하다 보니 생각나는 사람이 있다. 삼십대의 김용식 선배님이다. 독서 모임에서 알게 된 선배님은 현재 '같이' 독서 모임의 회장님이다. 김용식 선배님 덕분에 나는 편안하게 마음의 안정을 가질 수 있었다. 선배님은 항상 밝은 모습으로 긍정의 에너지를 불어넣어주었다. 그래서 나에겐 특별한 존재다. 처음 필사를 시작할 땐 어렵고 힘들었는데 선배님의 칭찬과 격려 덕분에 끝까지 완주할 수 있었다. "선배님! 감사드립니다."

# 3

# 모래주머니 원리로 성공하다

필사의 시작은 중학교 1학년 겨울방학 때였다. 어린아이 티를 막 벗고 사춘기에 접어들 무렵이었다. 그때 《논어》란 책을 처음 접했다. 나만의 철학적인 토대가 전혀 구축되지 않았던 시기였다. 필사를 위해 한 문장을 읽었는데 도무지 무슨 뜻인지 이해가 되지 않았다. 아버지와 다른 분들은 공자의 문구를 쓰고 글에 대한 자신만의 생각을 제법 길게 쓰셨다. 나는 상대적으로 위압감과 위축감을 많이 느꼈다. 아버지는 느낀 그대로 쓰라 했다. 일상에서 일어났던 일들을 적으면 몇 문장은 쉽게 쓸 수 있을 것이라 하면서. 나도 무엇이라도 써보려 했다. 하지만 공자의 말이 이해가 되지 않으니 무엇을 써야 할지 막막할 따름이었다.

"이건 무슨 뜻이에요?"

"이 당시는 어떤 상황이었나요?"

아버지에게 번번이 이런 질문을 해야 했다. 한참 답변을 들어야만 비로소 조금 이해가 되었다. 한 문장을 적으려면 오랜 시간이 걸렸다. 어떤 날은 힘들어 "도무지 무슨 말인지 모르겠다"라고 성의 없이 적어 낸 적도 있었다. 그만큼 재미가 없었다. 그래도 억지로 버텼다.

지금 생각하면 힘들었던 시간을 어떻게 버텼는지 신기하기만 하다. 어렵게 견디니 조금씩 나아지는 것이 느껴졌다. 시간이 지날수록 공자의 말씀이 조금씩 이해되기 시작했다. 내 생각의 폭도 넓어지면서 재미를 붙일 수 있었다. 그렇게 시작되었던 필사는 2월에 시작해 11월에 마무리되었다. 하루 2문장씩 8개월에 걸친 대장정이었다.

마지막 문장을 쓸 때는 내 자신이 자랑스러웠다. 너무나 감격스러워 눈물 날 뻔했다. 그동안의 힘든 과정들이 필름처럼 스쳐 지나갔다. 처음에는 힘들어 그만두고 싶은 마음이 간절했으나 시간이 지날수록 어려운 문장들이 이해되었고, 사고력이 성장하는 것을 경험했다. 어렵고 힘든 과정의 필사를 마쳤을 땐 정말 속이 후련했다. 한 단계가 아닌 몇 단계 성장한 느낌이었다.


2016년 11월, 다시 논어 필사를 하게 되는 계기가 생겼다. 블로그를 해야겠다는 생각이 들었기 때문이다. 하루하루 내 생각과 일상을 담을 수 있는 블로그의 매력을 느끼게 되면서 다시 필사를 마음먹었다. 막상 블로그를 시작하려니 어떤 글을 써야 할지 감이 잡히지 않았다. 단순한 일상을 적기보다는 내 생각이나 깨달음을 정리하고 싶은데, 매일 한 가지씩의 깨달음을 얻기란 쉽지가 않았다. 그래서 생각해낸 것이 바로 논어 필사였다. 그래도 다시 시작하려니 걱정과 두려움이 앞섰다. 이틀에 걸친 고민 끝에 필사를 결심했다.

기본적으로 잡은 초안은 논어의 문장을 하루에 하나만 적고 내 생각을 적는 것이었다. 예전처럼 논어 전체를 적는 것이 아니라 내가 쓰고 싶고 중요하게 느껴지는 부분만 적기로 했다. 한 번 해보았으니 굳이 전체를 다 적을 필요는 없었다. 그렇게 매일 하나씩 적어 블로그에 포스팅했더니 아버지와 어머니는 이런 말씀을 하셨다. 확실히 과거보다는 글의 양이나 생각의 수준이 깊어졌다는 말씀이었다. 내가 느끼기에도 글의 양이 많이 늘어났다. 전과 비교하면 쓰는 속도도 빨라졌다. 논어를 이해하는 폭도 넓어졌다. 이 모든 것이 신기하면서도 놀라웠다. 나는 이것을 '모래주머니의 원리'라고 생각한다.

'모래주머니 원리'란 운동선수들이 모래주머니를 차고 훈련하는 것과 같은 이치라 할 수 있다. 맨몸으로 뛰는 것도 힘든데 무거운 모래주머니를 달고 뛴다는 것은 상상도 하기 어려운 일이다. 그렇게 힘들게 연습하다가 모래주머니를 달지 않고 뛰면 어떻게 될까? 날아갈 것처럼 가벼워지며 속도가 빨라질 것이다. 무엇이든 훈련할 때는 평소보다 더 많은 자극이 필요하다. 그런 자극을 주는 필사는 '모래주머니'다. 처음 접했던 논어는 다른 책들에 비해 말도 무척 어렵고 깊은 내용을 담고 있어 이해하기 힘들었다. 그 힘겨웠던 과정들을 마치고 나니, 그 후에 손에 잡은 일반적인 책들은 이해하기가

견디는 것, 즉 꾸준함은 참 중요하다.
무엇이든 시작은 어렵고 힘들다.
처음부터 욕심내지 않았다.
익숙해지면 따라 하게 되고
그렇게 하다 보면 재미도 붙는다.

휠씬 쉬웠다. 단기간에 많은 성장이 이루어졌음을 확연히 느낄 수 있었다. 힘들게 한 연습은 실전에서 위력을 발휘한다. 블로그를 위한 필사를 통해 다시금 느꼈다. 조금 더 발전된 모습으로 성장하기 위해서는, 많은 자극이 필요하고 견뎌내야 한다는 것을.

견디는 것, 즉 꾸준함은 매우 중요하다. 필사를 통해 새삼 느꼈다. 처음엔 한 문장 쓰기도 힘들었다. 하지만 꾸준히 쓰다 보니 어느새 열 문장도 부족하게 느껴지는 때가 왔다. 그런 순간이 올 줄은 정말 몰랐다. 무엇이든 시작은 어렵고 힘들다. 그래서 처음부터 욕심내지 않았다. 처음에는 하는 둥 마는 둥 했다. 시간이 지나니 조금 적응되고 익숙해짐을 느꼈다. 2개월이 지나서야 습관처럼 자리매김했다. 매사가 그런 것 같다. 처음에는 어떻게든 버텨내야 한다. 익숙해지면 따라 하게 되고 그렇게 하다 보면 재미도 붙는다. 거기까지가 힘들다. 나는 그 힘든 과정을 잘 견뎌냈기에 필사를 완주할 수 있었다.

# 사춘기 시절
# 순한 양으로 살았다

부모님 세대와 비교해서 요즘 학생들은 사춘기가 빠르다고들 말한다. 내 경우에도 심하게 빠른 것은 아니었지만 이른 편이었다. 아마도 초등 6학년 때쯤으로 기억된다. 부모님의 말씀에 괜히 삐딱하게 반항하고, 다른 의견을 내는 경우가 많았다. 함께하는 시간이 불편하게만 느껴졌다. 저학년 때는 부모님과의 동행을 좋아했지만 6학년이 되고부터는 혼자가 좋았다. 부모님과 함께라면 거북스럽고 피하고 싶었다. 이유는 알 수 없었다.

아이에서 어른이 되어가는 과정이랄까. 어느 순간 갑자기 시작된 사춘기의 영향인 것 같다고 설명할 수밖에 없다. 간섭받지 않고 독립하고 싶었다. 사춘기는 누구나 겪고 지나가는 과정이지만, 처음 경험해보는 것이라 많이 혼란스러웠다. 정신적으로 흔들리는 시기였다. 더 크게 흔들리기 전에 논어를 만났고, 필사를 접하게 되었다.

필사 당시에는 아버지가 원망스러웠다. 어렵고 힘든 작업을 왜 하라 하는지 전혀 이해할 수 없었다. 지금은 오히려 감사하게 생각하지만, 그때는 매우 불만스러웠다.

돌이켜보면 필사는 내 인생을 이전과 다른 삶으로 변화시켰다.

첫번째는 사춘기 극복에 많은 도움을 주었다. 필사를 통해 바른 생각을 가지게 되었으며, 폭풍 성장을 이룰 수 있었다. 필사하면서 매일 자신을 돌아보았다. 공자의 말씀을 통해 나의 행동을 반성했다. 물론 실제 행동이 곧바로 변하지는 않았지만 늘 '잘해야지, 변해야지' 생각했다. 그것만으로도 내겐 크고 긍정적인 변화였다.

사람의 행동이 문장 하나로 단번에 바뀌기는 어려운 일이다. 그래도 반복해서 적다 보면 아주 조금씩이라도 변하게 된다. 나도 나 자신에게서 그 변화를 확실히 느꼈다. 예를 들면, 집을 나서고 들어올 때 꼭 인사를 했다. "다녀오겠습니다", "다녀왔습니다". 집을 떠나 어딘가를 가면 꼭 안부 전화를 드렸다. 부모님이 걱정하시지 않게. 누구나 이렇게 하는 것이 당연하다는 것을 알고는 있지만 실천하지 않는 사람이 꽤 많은 듯하다. 아마도 쑥스러움 때문일 것이다. 나는 이 쑥스러움을 이겨내고 행동의 변화를 이루었다.

논어 필사를 하면서 달라진 점이 하나 더 있다.

두번째는 반항심이 줄어들었고 생각이 긍정적으로 변했다. 좋은 글귀나 도움이 되는 말씀들을 받아들이기 시작하면서 반항심이 수

그러들었다. 그 당시 친구들은 욕을 많이 사용했다. 대부분의 대화가 욕으로 시작해 욕으로 끝났다. 욕하지 않으면 어린아이 취급을 받는 느낌이었다. 친구들과 어울리려면 욕을 해야만 했다. 만약 논어 필사를 하지 않았다면 친구들과 아무 생각 없이 욕하고 지냈을 것이다. 필사하고부터 욕하지 않으려고 노력했다. 욕을 하는 것은 자신뿐만 아니라 상대방도 무시하는 일이었다. 자신의 존재와 가치를 스스로 낮추는 철없는 행동이라는 생각이 들었다. 필사하면서 나만의 생각과 중심이 생긴 결과였다. 필사는 자신만의 생각을 정리할 수 있는 힘을 준다. 그 힘 덕분인지 나는 어린 나이에도 정신적으로 빨리 성장할 수 있었다.

세번째는 효, 신의, 예절, 의리 등에 관한 내용도 논어를 통해 배웠다. 필사하면서 이들 덕목에 대해 자연스럽게 생각해볼 수 있었다. 특히 신의에 대한 부분이 인상적이었다. 약속 지키는 것이 매우 중요하다는 것을 배울 수 있었다. 지키지 못할 말은 하지 않고, 말한 부분에 대해서는 책임지고 지켜야 한다고 생각했다. 사람들과의 관계에서 신의는 매우 중요하다. 신의를 잃으면 사회생활과 인간관계가 어려워진다. 이처럼 중요한 신의를 얻으려면 말과 행동이 일치해야 한다. 이것은 실천하기 쉽지 않지만, 나는 그런 사람이 되려고 노력하고 있다.

고전 필사는 학생들에게 매우 유용한 공부라고 생각한다. 사춘기의 학생들에게는 아무리 좋은 말이나 조언을 해주어도 여간해선 귀담아 듣지 않는다. 원래 그런 말들이 귀에 잘 들어오지 않는 시기다. 누구의 말도 긍정적으로 수용하기 어렵다. 그래서 남에 의해서가 아니라 스스로 생각하고 깨달아야 한다. 고전은 사춘기 학생들에게 많은 도움이 된다. 나는 논어 필사를 통해 큰 어려움 없이 질풍노도의 시기인 사춘기를 잘 극복할 수 있었다. 이것이 내가 학생들에게 필사를 강추하는 이유다.

# 5

# 가족의 소중함을
# 빨리 깨닫는 비결

논어에는 공자가 가장 중요하게 여기는 가치 3가지가 있다. 그
것은 '인성', '효', '도리'이다. 이것을 한 단어로 표현하면 바로 '인'
이다. 논어를 읽다 보면 많은 부분을 공감하게 된다. 가장 많이 공
감되는 부분은 바로 '효'다. 공자 시대와 달리 현대사회에서는 효의
의미가 많이 축소된 느낌이다. 학교 마치면 학원 가고 공부하기 바
빠 가족들과 함께 지낼 시간이 많이 부족하다. 효를 실행할 시간부
터가 줄어들었다. 효에 대한 의식 자체도 과거와 비교하면 많이 약
해졌다.

나 자신도 효에 대한 중요성과 필요성을 크게 느끼지 못했었다.
필사하고부터 부모님과 가족에 대해 다시 생각해보게 되었다. 어쩌
면 우리는 살면서 가장 중요한 부분을 놓치며 살아가고 있는지도
모르겠다. 인간으로서의 가장 중요한 부분을 당연하게 여기며 살아

가고 있는 것은 아닌지 돌아보게 되었다. 처음 보는 모르는 사람들에겐 예절과 예의를 다하면서 가장 소중한 사람들에겐 편하다는 이유로 함부로 행동했던 것에 대해 반성하게 되었다.

논어에는 부모님에게 어떻게 해야 한다는 구체적인 방법들이 많다. 공자 시대와 현 시대는 다르다지만 효도와 그 방법들의 근본은 크게 다르지 않다. 효도하는 구체적인 방법들이 다를 뿐이지 현실에 맞게 바꾸어 응용하면 될 것이다. 예를 들면, 과거에는 아침마다 부모님께 문안 인사를 드려야 했지만 바쁜 오늘날에는 일주일에 한 번 정도 전화로 안부 인사를 드리면 되지 않을까?

가장 중요한 점은 마음이다. 모든 효행은 부모님을 공경하고 사랑하는 마음으로부터 시작된다. 부모님에 대한 효심과 공경심이 실천의 시작이자 근본이다. 이러한 마음이 부족하니 부모와 자식 사이에 불화가 생기는 것은 아닐까. 가족은 필연으로 이루어진 공동운명체다. 살면서 가족만큼 따뜻하고 포근한 곳은 없을 것이다. 나는 가족의 소중함을 필사를 통해 이른 나이에 느끼고 깨달을 수 있었다.

필사하지 않았다면 아주 평범하게 중학교 생활을 마무리했을 것이다. 아버지는 내게 필사를 통해 또래의 친구들과는 다른 특별한 경험을 하게 해주셨다.

글을 쓰고 있는 지금과 3년 전의 나는 많이 달라졌다. 빠르게 성장할 수 있었던 비결은 바로 부모님의 도움이자 영향 덕분이었다.

존경.

대한민국에서 아버지로
진정으로 존경할 수 있는
사람이 과연 몇 명이나
있을까요? 저는 이 분을
아들로 태어나서 안 있었다
존경하는 사람이라고 생각합
니다. 하늘이 내려준
운명에 감사하며,
규철이씨님께 감사합니다
— 김범주

순간순간마다 필요한 과제로
성장시켜준 아버지를 항상 존경한다.
논어 필사는 말이 아닌 행동의 변화였다.

주위 사람들은 내가 대단하다고들 말씀하신다. 주변에서 많은 칭찬의 말씀도 들었다. 이것은 모두 아버지가 잘 이끌어준 덕분이라 생각한다.

물론 따라가는 과정은 어렵고 힘들었다. 귀찮기도 했고, 그만두고 싶기도 했다. 그 마음을 붙잡아준 것이 아버지다. 지금의 나는 모두 아버지가 만들어주셨다.

축구, 야구, 농구와 같은 단체 스포츠에서 팀의 실력은 감독의 능력과 역량에 달려 있다. 대부분의 팀들은 서로 실력이 비슷하다. 유능한 감독은 선수들의 실력을 탓하지 않는다. 선수들의 기량은 뛰어난데 감독의 자질과 능력이 부족해 팀의 결과가 좋지 못한 경우도 비일비재하다. 나는 아버지가 뛰어난 감독이라 생각한다. 선수는 조금 부족하지만 잘 다듬어 만들어주셨다.

살면서 성공할 것이라는 확신은 아직 없다. 하지만 십대 학생의 신분으로 내가 직접 쓴 책을 출간을 하게 된다면 이보다 더한 성공도 없지 않을까?


필사를 통해 자신감과 도전 의식을 가지게 되었다. 살아가면서 힘든 일들이 많겠지만 그때마다 헤쳐나갈 의지와 용기도 생겼다. 미래는 누구도 알 수 없다. 다만 한 걸음, 한 걸음 나아갈 뿐이다. 성공이나 성취는 노력의 결과물이다. 필사의 성공이 정신적인 성장과 다른 도전으로 이어졌으면 좋겠다.

함께해주신 분들께도 깊은 감사를 드린다. 좋은 부모님 만나서 잘 생활하고 있는 것만 해도 큰 축복이며 감사다. 아프지 않고 건강하게 지낼 수 있는 육체를 주신 것만 해도 엄청난 행운이다. 부족함 없이 지원해 주고 계시는 부모님에게도 이 지면을 빌어 거듭 감사의 말씀을 올린다.

"감사합니다!"

chapter 3

# 미국에서
# 내 인생에
# 도전하다

# 1

# 겁 많은 아이가 꿈꾼 나라

예닐곱 살 때 꼭 차가 오는지 고개를 좌우로 돌려 확인하고 길을 건넜다. 〈위기 탈출 넘버원〉이라는 TV 프로그램을 거의 놓치지 않고 열심히 본 효과였다. 어린 나는 그 프로그램을 보며 나름 위기에 대비했다. 그 시절 나는 유독 다른 아이들보다 겁이 많았다.

꿈도 여러 가지였다. 한창 아버지와 야구장을 다닐 땐 프로야구 선수가 되고 싶었고, 농구를 배울 때는 미국 NBA 리그에서 뛰는 유명한 농구선수를 꿈꾸기도 했다. 하버드 대학교를 다니는 대학생, 자동차를 만드는 엔지니어의 모습을 그려보기도 했다.

특히 초등학교 3학년 땐 농구를 배우면서 NBA 선수를 정말 선망했다. 거의 종일 유튜브로 미국 농구만 봤다. 그 당시 내가 좋아했던 팀은 '보스턴 셀틱스'라는 팀이었고, 가장 좋아하는 선수는 '케빈 가넷'이었다. 지금은 은퇴한, 한때는 잘나갔던 선수였다. 보스턴 셀틱스의 경기가 있을 땐 밤새 농구경기를 보곤 했다.

농구에 대한 열정이 뜨거웠으며, 그 열정 때문인지 자연스럽게 미국에 가고 싶다는 생각이 들었다. 농구선수로 진로를 정하게 된다면 미국에서 농구를 배우고 싶었다. 만약 학업으로 가게 된다 해도 미국으로 가고 싶었다.

초등학교 4학년 때 하버드 대학교가 있다는 것을 처음 알았다. 아무튼 미국이란 나라에 대한 호기심과 궁금증은 그 시절에 시작된 것 같다. 그 당시 나는 무서울 것 하나 없는 열한 살이었다. 어느 날 나는 당당하게 아버지께 말했다.

"아빠, 나 하버드 대학교 가고 싶어. 미국 보내줘!"

"하하하, 미국? 너 미국 가면 모르는 집에서 홈스테이하며 지내야 하는데, 할 수 있겠어?"

"홈스테이? 나 홈스테이도 하고 싶어. 엄마 아빠랑 떨어져서 혼자서도 잘할 수 있어. 보내주면 안 돼?"

아버지는 마냥 철없는 어린아이의 칭얼거림으로 생각하셨을 것이다.

"좀 더 크고 나서 얘기하자. 그땐 생각해볼게. 지금은 너무 어려. 집에서 여기가 '미국이다'라고 생각하고 혼자 독립적으로 생활하는 연습을 해봐. 아빠, 엄마가 너한테 간섭하지 않을게. 홈스테이라 생각하고 스스로 생활하는 연습을 하는 거야. 알았지?"

그 후로 일주일 동안 실제로 연습을 했다. 엄마가 깨워주지 않고 스스로 일어나 학교 가고, 학교 마치면 집에 돌아와 저녁 먹는 시간을 제외하고는 내 방에서만 시간을 보냈다. 하지만 일주일이 지난 뒤 다시 원상태로 돌아왔다. 방에서만 지내는 것은 재미가 없었고, 엄마 아빠와 이야기를 안 하니 너무 힘들었다. 그렇게 내 홈스테이 연습은 싱겁게 끝났다. 지금 그때를 돌이켜보면 철없던 시절이었다.

그때는 하버드 대학교에 다니는 대학생이 되고 싶어 마이클 샌델 교수의 《정의란 무엇인가》라는 책을 들고 다니기도 했다. 마치 대학생이 된 것처럼. 그 책을 이해해보려고 여러 차례 읽어 봤지만 무슨 말인지 전혀 알 수 없었다. 마이클 샌델 교수의 강의를 인터넷으로 찾아보는 등 하버드 대학교 학생이라 생각하고 생활하기도 했다. 하고 싶은 것은 꼭 해봐야만 직성이 풀리는 성격은 아마 이때부터 생긴 게 아닐까 싶다.

초등학교 3학년 때 노트북 컴퓨터가 너무 가지고 싶었다. 그래서 문구점에서 스케치북을 사 실제 컴퓨터 바탕화면을 그리고 다음 장에는 키보드를 그려 그림으로 노트북을 만들기도 했다. 로고는 애플로 그렸다. 이처럼 어릴 때는 하고 싶은 것도 많았고, 호기심도 많았다. 나는 그런 아이였다. 그런데 그 시절도 잠시, 초등학교 고학년이 되자 그런 놀이도 점차 흥미를 잃어갔다. 초등학교 저학년 시절은 그렇게 거짓말처럼 빠르게 지나갔다.


2015년 9월, 독서 모임에서 이경자 선배님을 만났다. 선배님 덕분에 미국 유학에 대한 정보를 자세히 들을 수 있었다. 이경자 선배님은 하나뿐인 아들을 중1 때 미국으로 혼자 유학을 보낸 분이다. 현재는 아들이 대학생이다.

이경자 선배님은 아버지에게 이런 말씀을 하셨다.

"제가 보니 범주 같은 아이는 혼자 가도 적응 잘하고 문제없을 것 같아요. 본인이 원하면 보내주세요. 보통 아이들은 낯선 환경에 적응을 잘 못하지만, 범주는 오히려 그런 환경에서 더 강하게 만들어질 것 같아요. 어릴 때부터 독립심과 스스로 진로를 개척해 나가는 힘을 길러준다는 의미에서 보내주어도 되지 않을까요?"

이경자 선배님과의 만남 후, 아버지는 미국 유학을 다시 생각하게 되었다. 그리고 생각 끝에 마음을 바꿨다.


미국에 가기 위해선 많은 준비를 해야 했다. 우선 내가 사는 범어동에 있는 '유학큐브' 유학원을 통해 교환학생 신청을 했다. 재단에서 원하는 서류를 제출해 승인을 받는 것이 첫 번째 일이었다. 재학증명서, 최근 3년간의 학교 성적, 부모님 인적 사항 등 제출해야 할 서류들이 많았다. 그 외에도 ELTS라는 시험을 쳐 일정 수준의 점수를 취득해야 비로소 신청자 명단에 이름을 올릴 수 있었다.

재단으로부터의 합격통보를 받기까지는 3개월 정도 걸렸다. 기다리는 동안 매일 초조했고 마음이 조마조마했다. 안재희 원장님으로부터 마침내 합격통보를 받았을 땐, 정말 짜릿했다. 그제야 비로소 마음의 안정을 찾을 수 있었다.

'이제 정말로 미국에 가는구나! 이제 몇 달만 있으면 가는 거야!'

정말 기대되고 설렜다. 하지만 기쁨도 잠시, 원장님으로부터 이런 말을 들어 다시 긴장 상태로 돌아갔다.

"범주야! 아직 기뻐하긴 이르다. 재단으로부터는 합격을 받았지만, 미국 대사관으로부터 비자를 또 받아야 해. 재단에서 합격해도 대사관에서 비자를 받지 못하면 못 가는 거야. 우리 조금만 더 힘내서 준비해보자."

"네? 재단에서 합격해도 대사관에서 비자를 안 줄 수도 있어요? 그러면 진짜 못 가는 거예요? 미국 비자 받기가 그렇게 어렵나요?"

걱정스럽게 물었다. 아직도 마지막 관문이 남았다니!

"그래. 미국 비자 승인을 받지 못해 가지 못하는 사람들도 많아. 다만 교환학생은 일반 유학생이랑 조금 달라 F-1 비자가 아니라 J-1 비자를 받아. 그래서 교환학생은 비자를 받기 조금 수월하다만, 어떻게 될지는 아무도 모르지. 그래도 선생님이 하라는 대로만 하면 쉽게 받을 수 있을 거야."

"네. 열심히 할게요!"

안재희 원장님은 무엇이든 물으면 친절하게 설명해주셨으며, 엄마같이 편하게 대해주셨다. 몇 년이 흘렀지만 지금도 원장님과는 자주 톡으로 연락한다. 원장님은 유학 업무를 오래하신 베테랑이라 일처리를 믿고 맡길 정도로 신용도가 높으신 분이다.

다행히 미국 비자를 준비하는 과정은 비교적 수월했다. 이미 교환학생 프로그램에 제출하기 위해 준비한 서류들이 있었기 때문에 준비할 것은 그리 많지 않았다. 다만 비자 인터뷰를 위해선 서울에 있는 미국 대사관에 직접 가야 했다. 나는 비자 인터뷰 날짜가 정해질 때까지 기다리는 수밖에 없었다. 2주 정도 기다렸더니 날짜가 드디어 정해졌다.

인터뷰 날, 대사관 입구에는 사람들로 북적였다. 이미 줄을 서 있는 사람들이 보였다. 눈치껏 빨리 줄을 섰다. 입구에 가까워지자 경비원처럼 보이는 사람이 비자 인터뷰에 필요한 여권들을 모두 소지하고 있는지 확인했다. 확인하고 안으로 들어가니 공항에 온 것 같은 기분이 들었다. 공항에서 비행기를 타러 가려면 소지품 검사를 받아야 한다. 가지고 있는 물건들을 마트 계산대 같은 곳에 올려두고 검사를 받는다.

대사관에서도 입구에 들어서자마자 소지품 검사를 받았다. 휴대폰도 맡겨야 했다. 사진 찍는 것을 방지하기 위해서다. 확실히 미국 대사관은 분위기가 엄숙했다. 입구에서 줄 서 있을 때는 그렇게 긴장되지 않았는데 막상 대사관에 들어서니 가슴이 쿵쾅거리기 시작했다.

소지품 검사를 받고 계단을 따라 올라가 한 번 더 줄을 섰다. 한참 서 있으니 드디어 내 차례가 되었다. 앞에 미국인 직원이 앉아 있었다. 여권과 서류들을 요구했다. 매우 긴장된 상태로 여권과 서류들을 아주 정중하게 내밀었다. 자세가 불순하면 비자를 안 내줄 것 같아 매우 조심스럽게 행동했다. 1분 정도가 지나자 미국인 직원은 내게 다시 여권과 서류들을 내밀었다.

'음? 벌써 인터뷰가 끝난 건가? 질문에 대비해 영어로 준비를 많이 했는데, 간단하게 끝났네?'

용기를 내 직원에게 물었다.

"I am done?"(끝났나요?)

그 당시 나는 영어에 자신이 없었던 터라 매우 신중하게 고민한 후 물었다.

그러자 직원이 대답했다.

"No, you should wait for that process."(아니, 저쪽 절차에 따라 기다려야 해.)

직원은 저 뒤에 있는 곳을 손짓했다. 손가락을 따라가 보니 그쪽에도 사람들이 많이 모여 있었다. 완벽히 알아들을 순 없었지만 눈치껏 알 수 있었다.

"Ah, Thank you!"

이번에도 정중하게 인사를 하고 나왔다. 직원이 손짓한 곳을 따라가 보니 여전히 사람들이 길게 줄 서 있었다. 한 직원이 내게 번호표를 주고 갔다. 번호표를 받고 의자에 앉아 기다렸다. 의자에 앉아 기다리는 시간이 가장 긴장됐다. 기다린 시간이 마치 1시간은 되는 것 같았다. 20분 정도가 지나자 화면에 번호가 떴다. 마치 햄버거 가게에서 번호가 뜨는 것과 같은 기쁨이었다. 드디어 인터뷰다!

그런데 인터뷰 장소는 생각했던 것보다 초라했다. 또한 아주 엄숙한 상태로 인터뷰가 진행될 줄 알았는데, 직원들은 매우 자유로워 보였다. 마치 서울역 기차표를 파는 예매창구에서 직원들이 6칸으로 나누어 앉아 있는 모습이었다.

나는 창구 앞에 가서 앉았다. 면접자와 나 사이에는 유리창이 있었고, 밑에는 작은 물건들만 주고받을 수 있는 공간이 있었다. 자리에 앉으니 맞은편에 친절해 보이는 여자 면접관이 앉아 있었다. 안심이 됐다. 무섭게 생긴 미국 아저씨가 아니길 빌었기 때문이다.

앉자마자 질문이 시작됐다.

"What's your name?"(이름이 뭐니?)

여자 면접관이 웃으며 묻길래 나도 최대한 미소를 지으며 대답했다.

"My name is Beomjoo Kim."(김범주입니다.)

"Do you have any English name?"(영어 이름 가지고 있니?)

영어 이름이 있냐는 질문이었다. 괜히 없다고 말하면 피해가 있을까 싶어 아무 이름이나 지어 말했다.

"umm. my English name is Jack!"(영어 이름은 '잭'입니다.)

생각나는 이름이 '잭'뿐이었다. 그러자 면접관이 알았다며 나에게 여권을 달라 했다. 여권과 서류들을 건네주었다.

면접관은 말없이 여권과 서류들을 훑어보았다. 어떤 문제가 있을까 무척 긴장된 상태로 면접관이 질문하기만을 기다렸다. 면접관은 한참 서류들을 훑어보더니 다시 나에게 질문을 던졌다.

"So. you are going to America for study right? Which state are you going to?"

미국에 공부하러 가면 어떤 주에 머무를 것이냐는 질문이었다. 아뿔싸, 나는 어떤 주로 갈지 아직 모르는 상태였다. 교환학생 프로그램은 재단에서 한국 학생들을 미국 전역에 무작위로 배치한다. 어떤 주, 어떤 학교, 어떤 홈스테이를 배정받을지는 아직 모르는 상태였다. 모르겠다 하면 피해가 있을 것 같았지만 이것은 정말로 알 수가 없었기에 소심하게 대답했다.

"I don't know yet."(아직 잘 모르겠어요.)

그러자 면접관은 흔쾌히 알겠다고 한 뒤 다른 질문을 던졌다.

"What do you want to do if you go America?"

미국에 가면 무얼 하고 싶냐는 질문이었다. 당시 나는 교환학생의 명목으로 가는 것이라, 첫 번째로는 미국 친구들과의 문화 교류, 두 번째로는 영어 공부, 세 번째로는 미국 친구들과 농구를 하고 싶다고 했다.

그러자 면접관이 신기해하며 다시 물었다.

"Oh, you like basketball? Do you watch NBA? Which team do you like the most?"

미국 농구를 보는지, 어떤 팀을 가장 좋아하는지 묻는 질문이었다. 이 질문에는 자신 있게 대답했다.

"My favorite team is Cleveland Cavaliers! and favorite player is also Lebron James."

'클리블랜드 캐버리얼스'라는 농구팀을 가장 좋아했고, 그 팀에 소속되어 있는 '르브론 제임스'를 가장 좋아한다고 말했다.

그러자 면접관이 아주 놀란 표정과 말투로 대답했다.

"Wow, you like Cleveland? me too! I'm a fan of Cleveland! Go Cavaliers!"

면접관은 경쾌한 대답과 함께 서류를 돌려주었다. 인터뷰는 그렇게 끝이 났다. 마지막 문장 'Go Cavaliers!'는 클리블랜드 팀을 응원할 때 쓰는 말이다. 같은 팀을 좋아했기에 무언가 서로 통한다는 느낌이 들었다. 분위기가 좋은 상태로 인터뷰가 끝났다.

대사관을 빨리 나오고 싶었다. 반납했던 휴대폰을 찾아 밖으로 나왔다. 그런데 뭔가 허전했다. 서류는 받았는데 여권은 받지 못한 것이다. 순간 눈앞이 깜깜했다. 무슨 문제가 생긴 건 아닌가 싶어 정문에 있던 직원에게 물었다.

"저. 제가 인터뷰를 모두 마쳤는데 여권을 못 받아서요. 문제가 있는 건가요?"

그러자 직원이 대답했다.

"대사관 직원이 여권 가져가셨다면 비자 통과되신 거예요. 여권은 일주일 내로 집으로 배달될 겁니다."

그 말을 듣고서야 마음이 놓였다. 모든 긴장이 풀렸다. 그동안의 피로가 싹 가시는 기분이었다. 정말 행복했다. 혹시 거절당할까 봐 인터뷰 전까지 마음을 놓지 못하고 있었는데 마지막 관문을 통과하다니! 정말 하늘을 날 듯이 기뻤다.

# 2

## 만나기 전에 상대에게 신뢰받는 방법

중학교 2학년, 2학기 들어설 무렵 미국 유학을 떠나기로 마음먹었다. 이경자 선배님의 도움으로 한 유학원을 추천받아 준비하던 중, 유학원으로부터 1월부터 2월 말까지 진행되는 두 달간의 캐나다 캠프가 있다는 소식을 전해 들었다. 이듬해 중학교 3학년 2학기에 미국 유학을 떠나기로 예정되어 있었기에 유학원에서 유학 생활의 느낌을 먼저 경험해보라며 추천해준 것이다.

어느덧 1월이 되었고 날짜가 다가왔다. 출발 하루 전, 캐나다에서 우리를 관리해주실 선생님에게 미리 카톡을 남겼다. 캠프에 참가하는 김범주이며, 뵙기 전에 미리 인사를 드리고 싶어 연락을 드렸다는 내용이었다. 카톡을 본 선생님의 반응은 무척 놀란 눈치였다. 캠프 인솔을 여러 번 해봤는데 만나기 전에 미리 연락 온 학생은 내가 처음이라는 말씀을 하셨다. 먼저 문자를 주어 반갑고 고맙다는 말씀과 함께 내일 공항에서 보자는 답장이 왔다.

다음 날 아침 6시 KTX를 타 9시 30분 인천공항에 도착했다. 혼자였지만 만남 장소에 쉽게 찾아갈 수 있었다. 그동안 아버지와 함께 여행을 많이 다닌 결과였다. 게이트를 향해 걷던 중 편의점이 눈에 띄었다. 내가 마실 음료와 커피 이렇게 두 병을 샀다. 커피는 인솔자 선생님에게 드리기 위해서였다. 음료를 들고 짐과 함께 조금 걸으니 어느새 약속 장소에 도착했다. 그곳에는 다른 학생들과 부모님들이 먼저 와 계셨다. 선생님으로 보이는 분이 부모님들에게 분주하게 무엇인가를 설명 중이었다. 우리를 인솔할 선생님이란 걸 단번에 알 수 있었다. 선생님에게 다가가 인사했다.

"안녕하세요. 김범주라고 합니다."

"어, 안녕! 네가 범주니? 오! 잘생겼다. 부모님은 안 오시고 혼자 온 거야?"

"네, 제가 대구에서 올라와 부모님은 안 오시고 혼자 왔어요. 오던 길에 편의점이 보여 드리려고 하나 샀어요. 드세요."

내가 커피를 내밀자 선생님은 고맙다는 표정을 지었다.

"오, 그래! 잘 마실게. 고마워!"

이렇게 선생님과의 첫 만남은 성공적이었다.

평소 나는 첫인상에 대해 중요하게 생각하고 있었다. 그래서 미리 선생님에게 카톡으로 인사를 드리고 음료도 선물한 것이다. 나중에 이 사실을 부모님에게 말씀드렸더니 큰 칭찬을 해주셨다. 가르쳐주지도 않았는데 어떻게 그런 놀라운 행동을 했냐며 매우 기뻐

했다. 덧붙여 아버지가 이런 말씀을 하셨다.

"이런 작은 행동이 다른 사람들과 큰 차이를 만들어. 자신에 대한 이미지를 좋게 만드는 남다른 행동이야. 기특하고 놀라워. 대성할 기질이 보이는데?"

자연스럽게 한 행동인데 과분한 칭찬이었다.

캐나다로 떠날 학생들 모두 짐을 부쳤다. 이젠 부모님과 떨어져 인솔자 선생님과 출국 심사를 받으러 가야 했다. 나를 제외한 모든 학생들은 부모님이 동행하셨다. 다들 부모님과 포옹하며 작별 인사를 나누었다. 그 모습에 왠지 모르게 슬픔이 밀려오면서 서운한 감정이 들었다. 바보 같은 마음이었다. 혼자 온 것은 나의 선택이었다. 나는 곧 서운한 마음을 뒤로 하고 마음을 단단히 잡았다.

'이런 건 서운할 일도 아니야. 부모님을 두고 혼자 알아서 온 것이 얼마나 멋진 일인데!'

이렇게 스스로를 위로했다. 이제부터는 공항을 자주 드나들 텐데 매번 부모님이 따라오고 마중 나올 순 없는 노릇이다. 공항을 혼자 드나드는 것부터 독립적으로 해야 했다.

인솔자 선생님은 아이들 옆에 앉아 한 명씩 개인적으로 이야기를 나누셨다. 내게는 나이를 물으셨다. 당시 열여섯 살, 이제 중학교 3학년이 된다고 말씀드리자 굉장히 듬직하다고 하셨다. 맏형이니 동생들을 잘 챙겨주면 좋겠다는 당부의 말씀도 있었다.

약 12시간의 비행 끝에 밴쿠버 공항에 도착했고, 한 번 더 환승

했다. 이어진 2시간의 비행 끝에 우리는 캐나다의 사스케츄안주의 '리자이나'라는 도시에 도착했다. 밖은 어두운 밤이었다. 지금까지 보지 못했던 엄청난 양의 눈이 쏟아지고 있었다. 1월이라 한창 추운 겨울이었다. 역시 캐나다라는 생각이 안 들 수 없었다.

공항으로부터 30분 정도를 달려 홈스테이 집에 도착했다. 주차하는 것부터 신기했다. 집에 전용 차고가 있었고, 차 내부에 있는 버튼을 눌러 차고의 문을 올렸다 내렸다 했다. 집 안으로 들어가서 또 한 번 놀라지 않을 수 없었다. 밖에서 보았을 때는 분명 1층이었는데 지하로 내려가는 계단이 있었다. 홈스테이를 함께 배정받은 친구와 방을 같이 사용했는데 우리 방은 지하에 있었다. 계단을 타고 내려가니 지하에 엄청난 크기의 거실이 있었다. 거실에는 소파와 대형 TV가 있었는데 그곳에서 우리는 주말마다 피자를 먹으며 영화를 보거나 닌텐도 게임을 했다.

저녁 식사 후 방에 돌아와 짐을 풀고 일찍 잠자리에 들었다. 다음날 학교에 가야 했기 때문이다. 아침 7시에 기상을 했다. 아침을 먹고 등교 준비를 한 후 홈스테이 아버지가 우리를 학교까지 태워다 주셨다. 8시쯤 학교에 도착했다. 캠프에 온 모든 학생이 한자리에 모였다. 학교생활에 대한 설명을 들었는데 단순했다. 현지 아이들과 함께 정규수업을 들은 후 집에 돌아가는 것이었다. 캠프였지만 실제로 두 달간 캐나다 유학하는 것과 다름없었다.

같은 나이의 학생들 다섯 명이 함께 배정받은 교실로 들어갔다.

교실에는 약 20명 정도의 캐나다 현지 아이들이 있었다. 처음 교실에 들어갔을 땐 많이 떨리고 두려웠다. 당시는 영어를 잘하지 못할 때였는데 자기소개를 영어로 해야 했기 때문이다. 대충 자기소개를 한 후 들어가려는 순간 누군가 영어 이름을 물었다. 어라, 지금까지 한 번도 생각해 본 적이 없던 문제였다. 약 3초간 생각한 끝에 대충 나의 이름을 따서 말했다. 마지막 글자 '주'자를 넣어 영어 이름이 'JOO'라고 했다. 그러자 친구들이 캐나다식으로 이름을 지어 주겠다며 'JOE'(조)라는 이름을 권했다. 그날부터 나의 이름은 JOE가 되었다.

그렇게 자기소개가 끝나고 본격적인 수업에 들어갔다. 현지 학생들이 수업하는 내용이었다. 영어 완전 초보 때라 수업시간이 지루하기만 했다. 들리는 것은 하나도 없었다. 7교시 내내 듣고 있자니 앉아 있는 것 자체가 너무 힘들었다. 캠프 당시 가장 좋아했던 과목은 단 하나, 체육이었다. 체육 시간만 되면 우리 반 아이들은 모두 체육관으로 가 편한 옷으로 갈아입은 후 다양한 운동을 했다. 농구, 피구 등 공으로 하는 운동을 많이 했다. 체육이 있는 날은 너무 행복했다. 캐나다 아이들과 농구를 했는데 현지 아이들 또한 농구를 좋아했고 잘했다. 또래 중에서 가장 잘하는 것은 아니었지만 캐나다 친구들과 함께 농구를 했다는 그 자체가 의미 있는 경험이었다.

주말이 되면 캠프에서 주최하는 프로그램에 참여했다. 모두가 함께 모여 영화를 보기도 했고, 높은 언덕에 있는 썰매장에서 눈썰

매를 타기도 했다. 두 달간 매주 토요일은 캠프에서 주최하는 프로그램에 참여했기 때문에 나름대로 재미있는 경험을 할 수 있었다. 캠프가 거의 마무리되는 시점에서는 학교에 있는 한국인 재학생들과 캠프 학생들 모두 함께 밴쿠버로 여행을 떠났다. 약 일주일 여행이었는데, 이 역시 큰 추억으로 남아 있다. 리자이나에서 출발해 근처에 있는 도시 캘거리와 에드먼턴, 밴쿠버 등 다양한 도시를 방문했다.

어느덧 예정된 두 달이 지나고 돌아갈 시간이 되었다. 우리는 2월 29일을 마지막으로 캠프를 마무리해야 했다. 이별할 때가 되니 캠프 아이들 모두가 친해져 있었다. 학교와도 정이 많이 들어 한국으로 돌아가는 것이 마냥 좋지만은 않았다. 두 명의 학생이 학교에 계속 남아 유학을 결정할 정도로 캠프는 재미있었다. 어린 시절의 학생들에겐 소중한 추억의 시간이 되었다.

홈스테이 가족과 학교의 친구들, 또 캠프 선생님들과 작별 인사를 한 후 우리는 한국으로 떠났다. 한국으로 떠날 때 홈스테이 선생님은 내가 제일 믿음이 간다며 친구들을 잘 부탁한다고 했다. 캐나다로 떠날 때는 선생님이 이끌어주셔서 신경 쓰지 않고 갔는데, 올 때는 나에게 리더의 역할을 맡기셨다. 도착하면 아이들 모두 부모님에게 인도하고 잘 마무리했다는 연락을 해달라고 하셨다. 리자이나 공항에서 밴쿠버 공항으로 향한 뒤 밴쿠버에서 하룻밤을 보냈다. 그리고 다음 날 인천공항으로 직항하는 비행기에 올랐다.

인천공항에 도착하니 이번에도 학생들의 부모님들이 모두 마중 나와 있었다. 그 모습을 보니 왠지 모르게 슬픔이 밀려왔다. 혼자인 사람은 나뿐이었다. 하지만 이젠 더 강인해져야 할 때라 내색하지 않았다. 캠프 친구들 모두 부모님의 품으로 잘 돌아갔다. 마지막으로 작별 인사를 나눈 후 모두 자신의 집으로 향했다.

나는 예약해놓은 KTX 열차 시간에 맞추느라 분주히 움직였다. 다행히 시간에 맞춰 열차에 오를 수 있었다. 열차에 타고 나서 캐나다 선생님에게 카톡으로 잘 마무리되었다고 연락드렸다. 피곤이 몰려왔다. 한숨 자고 나니 동대구역이었다. 캐리어를 끌고 동대구역 대합실로 나왔다. 아버지와 어머니가 웃으며 서 계셨다. 오랜만에 보는 얼굴이라 너무 반가웠고, 기분이 짠했다. '역시 가족은 다르구나!' 하는 생각이 들었다. 만나면 반갑고 기분 좋은 사람들. 그들을 우리는 가족이라 부르나 보다. 같이 있을 때는 몰랐던 그들의 소중함과 그리움을 새삼 몸으로 느껴 본 순간이었다.

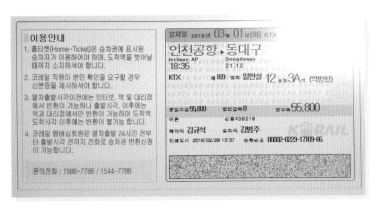

인천공항 도착 후 홀로 몸을 실었던 KTX 열차표

# 3

# 두려움으로 스스로를
# 단련시키는 시간

미국 대사관으로부터 비자를 받은 후 교환학생 재단으로부터 학교와 홈스테이를 배정받았다. 내가 배정받은 지역은 미국 북동부에 있는 미시간주, 린던linden이라는 아주 작은 소도시였다. 인구는 3만 명으로 우리나라와 비교하자면 완전 시골 지역이었다. 학교와 홈스테이를 배정받은 후 재단으로부터 희소식을 들었다. 이번 학기 교환학생들은 모두 로스앤젤레스와 뉴욕에서 진행되는 3박 4일 오리엔테이션에 참가해야 한다는 내용이었다. 미국 서부 쪽으로 배정을 받은 학생들은 로스앤젤레스, 동부 쪽으로 배정을 받은 학생들은 뉴욕에서 오리엔테이션에 참석해야 했다. 적응을 위해 필요한 오리엔테이션이라 내게는 아주 요긴한 기회였다.

미시간주는 북동부 쪽이라 뉴욕이었다. 오리엔테이션은 8월 29일 시작해 9월 2일까지 진행됐다. 전 세계의 나라에서 다양한 학생들이 모이기 때문에 오리엔테이션 첫날은 정해진 시간 없이 29일까지 도착만 하면 되었다. 방학이 끝나감과 동시에 8월 29일이 점점 다가오기 시작했다. 한국이 미국보다 시차가 12∼14시간 빠르기에 29일 당일에 맞춰 출발하기로 했다. 2016년 8월 28일 저녁, 큰 캐리어에 1년 동안 입을 옷과 사용할 여러 가지 물건들을 담아 짐을 쌌다. 마지막으로 누나들과 인사를 먼저 나누고 일찍 잠자리에 들었다. 낮 12시 비행기였고 오전 9시까지 공항에 도착해야 했으므로 새벽 5시 공항버스를 타야 했다. 아버지에게는 혼자 떠난다고 말했다. 독립심을 가져야 했기 때문이다. 이제 미국에 가면, 1년 동안 가족들과 떨어져 지내야 하므로 그 여정의 시작부터 스스로 해내고 싶었다.

긴 밤이 지나고 헤어질 시간이 다가왔다. 오전 4시 30분, 간단한 준비를 마치고 부모님과 함께 동대구 버스터미널로 향했다. 버스터미널로 향하는 길은 컴컴하고 조용했다. 새벽인지라 차가 별로 없었다. 집에서 10분 만에 도착할 수 있었다. 차를 타고 가는 동안 기분이 살짝 우울했다. 이제 1년 동안은 다시 오지 못할 곳이라는 생각이 들어서였다. 차를 타고 가는 동안 최대한 많은 것을 눈에 담으려고 노력했다.

터미널에 도착하자마자 가방을 차에서 내리고, 차표를 받았다. 버스 짐칸에 캐리어를 넣고, 마지막으로 부모님과 작별 포옹을 했다. 어머니가 울먹거리셨다. 괜찮다며, 걱정하지 마시라고 하면서 오히려 어머니를 다독여주었다.

미국에 혼자 가기로 결정하자
낯선 환경에서 더 강하게 적응하고 스스로 진로를 개척하는 내가 되었다.

"갔다 올게요! 걱정하지 마세요."

나는 스스로와 단단히 약속했다.
아무리 힘들어도 절대 울지 않겠다고.
혼자 힘으로 해내자고. 나는 나를 믿었다.

"건강히 잘 지내다 올게요."

그 말을 남기고 담담히 버스에 올랐다. 자리를 찾아 앉은 후 창밖을 바라보았다. 그 자리에 아버지와 어머니가 그대로 서 있었다. 그 모습을 보니 갑자기 울컥했다. 부모님의 얼굴과 표정에서 무슨 말을 하는지 알 수 있었다. 어머니는 끝까지 걱정하시는 표정이었다. 아버지 또한 걱정하시는 것 같았지만 잘 해낼 것이라는 믿음의 표정이셨다. 그 상황에서 내가 할 수 있는 일은 웃는 얼굴뿐이었다. 나는 최대한 얼굴에 미소를 지었다. 웃는 얼굴과 함께 입 모양으로 말했다.

"갔다 올게요! 걱정하지 마세요."

버스가 출발했다. 나는 부모님이 보이지 않을 때까지 손을 흔들었다. 부모님이 내 시야에서 사라졌다. 그제야 마음이 조금 진정됐다. 미국을 간다는 실감이 났다. 이 순간부터는 스스로 모든 것을 결정하고 해결해 나가야 한다는 강한 책임감이 들었다. 16살에 처음 경험하는 낯설고 무거운 부담감이었다. 많이 떨렸다. 무서웠다. 두려웠다. 그래서 예전보다 더 강한 사람이 되어야겠다고 생각했다. 이젠 모든 것이 현실이다. 나는 스스로와 단단히 약속했다. 아무리 힘들어도 절대 울지 않겠다고. 혼자 힘으로 해내겠다고. '나는 나를 믿는다.'고 속으로 다짐했다.


부랴부랴 짐을 챙겨 공항 안으로 들어갔다. 역시나 인천공항은 사람들로 북적였다. 델타항공 카운터를 찾았다. 그전까진 공항을 이용할 때마다 아버지가 모든 일 처리를 했다. 아버지가 할 때는 무척 순조롭게 진행되는 것 같았는데, 막상 내가 처음부터 끝까지 스스로 하려니 일이 복잡하게 느껴졌다. 공항 직원에게 물어 델타항공 카운터를 겨우 찾아갈 수 있었다. 이미 승객들이 길게 서 있었다. 순간 걱정이 앞섰다. 시간 안에 제대로 비행기를 탈 수 있을까 하는 조바심이 일었다. 30분 동안 음악을 듣다 보니 어느새 카운터 바로 앞까지 줄이 당겨져 있었다. 미국 항공사였지만 한국인 직원이 도와줘 비행기 표를 끊고 무사히 짐을 부칠 수 있었다. 그 후론 혼자 공항에 와도 자신이 생겼다. 직접 해봤기 때문이다. 이처럼 경험이라는 것은 무척 중요하다는 생각이 들었다. 한 번 해보고, 안 해보고는 큰 차이가 있다는 것을 깨달았다. 작고 소소한 일이라도 직접 경험해보면 그와 비슷한 일을 하게 될 때 두려움이 생기지 않는다.

짐을 부친 나는 검색대를 거쳐 비행기 게이트 앞까지 무사히 도착할 수 있었다. 낮 12시, 디트로이트 공항으로 가는 비행기가 출발했다.

13시간의 기나긴 비행 끝에 디트로이트 공항에 도착하니 눈앞이 깜깜했다. 분명 아버지와 함께 다닐 때는 참 쉬워 보였는데, 혼자 덩그러니 공항에 있으니 무서움이 엄습했다. 미국 입국 심사 또한 우려되는 부분 중 하나였지만, 환승에 비하면 아무것도 아니었다. 입국 심사는 생각보다 수월하게 진행되었다. 입국 심사를 마친 뒤, 눈치껏 'Transfer경유'라는 팻말을 보고 따라갔다. 같은 비행기를 탄 사람들이 그쪽으로 향했기 때문에 조금의 의심도 없이 그들을 따라 갔다.

환승 때 상황은 각 나라의 공항마다 다르다. 어떤 공항은 환승 비행기를 타기 전, 비행기에 맡겼던 짐을 찾은 후 다시 붙여야 하기도 한다. 또 어떤 공항은 타고 왔던 비행기에서 환승 비행기까지 자동으로 짐이 옮겨진다. 내가 도착했던 디트로이트 항공은 전자였다. 비행기에서 내려 캐리어를 찾은 후 다시 붙이는 경우였다. 조금 걱정되었다. 환승 비행기를 타기 전까지 약 1시간 30분의 시간이 남아 있었지만, 한 번도 경험해보지 못했기에 긴장됐다. 짐을 찾은 후 주위를 둘러보았다. 팻말에 환승이란 단어를 또 한 번 쉽게 찾을 수 있었다. 사람들은 그쪽으로 발길을 옮기고 있었다. 나도 캐리어를 끌고 그쪽으로 향했다. 중간에 공항 직원 한 분이 서 있었다. 나름 확실하게 알고 싶어 직원에게 짧은 영어로 물었다.

"Transfer?"(경유?)

단어 하나와 손가락으로 환승을 가리켰다. 직원이 대답했다.

"Yes, Transfer."

대답을 들은 후, 가벼운 마음으로 향했다. 화살표를 따라 쭉 걸어가니 사람들이 이미 길게 서 있었다. 한 명의 직원이 그들의 캐리어를 모두 같은 레일에 올려두었다. 캐리어가 레일을 따라 어두운 터널 안으로 향했다. 줄을 서서 순서를 기다리는데 조금 의아했다.

'분명 여기 있는 사람들이 모두 같은 비행기를 타고 환승은 아닌 것 같은데, 왜 캐리어들을 하나의 레일에만 올려 두는 거지? 안에서

직원들이 각자의 캐리어를 보고 알아서 비행기에 맞춰 짐을 보내는 건가?'

또 걱정이 앞섰다. 짐들이 단 하나의 캐리어에 담겨 있었다. 내 캐리어는 뉴욕에서 찾아야 했다. 이번에도 확실하게 일을 처리하자고 마음먹었다. 순서가 오자 직원에게 물었다. 직원은 젊고 키가 큰 흑인이었다. 미국인과 영어로 대화하는 것은 항상 떨렸지만 캐리어는 중요했기에 용기를 냈다.

"I have to go New York. This baggage go to New York?"

아는 단어를 최대한 사용하며 물었다. 나는 뉴욕에 가야 하는데 짐도 뉴욕에 가냐는 내용이었다. 뉴욕이 발음이 안 돼 '뉴역'이라 아주 딱딱하게 발음을 했는데, 용케도 직원이 알아들었다. 곧바로 직원에게서 대답이 돌아왔다.

"Yup(엽)."

이 단어를 실제로 들으면 이런 소리가 날 것이다.

"여읍."

들자마자 금방 이해가 되지 않았다. 흑인 특유의 굵지만 높은 톤의 목소리가 있다. 실제로 흑인의 발음과 백인의 발음은 차이가 조금 있다. 상대적으로 흑인들의 발음은 잘 이해하기가 어렵다. 흑인 직원은 단어 한 개를 말했지만, 나는 헷갈렸다. 잠시 생각했다.

'엽? 음, 예스라는 뜻인 것 같긴 한데 혹시 내 발음을 잘못 들었나? 너무 귀찮은 듯이 대답했는데, 한 번 더 물어볼까?'

내 발음이 의심돼 직원이 못 알아들었다고 생각해 다시 물었다.

"Umm, this baggage will go to New York?"

크고 또박또박한 목소리로 물었다. 그러자 흑인이 대답했다.

"Yeh, New York."

직원의 대답에서 뉴욕이라는 단어를 확실하게 들었기에 마음이 놓였다. 가벼운 마음으로 짐을 레일에 올리며 이런 생각을 했다.

'와. 역시 원어민은 다르구나. 난 '뉴역'(New yuk)이라 발음하는데, 미국인은 '뉴욕'이라고 하네.'


무사히 짐을 부친 나는 비행기 게이트를 찾아 나섰다. 시간은 오후 2시였다. 30분 정도의 시간이 남아있었다. 점심을 못 먹어 맥도날드 매장에 가서 햄버거를 주문했다. 그때가 아마 미국에서 음식을 주문해본 첫 경험일 것이다. 당당하게 매장에 들어서는 내게 직원이 물었다.

"How can I help you?"(어떻게 도와 드릴까요?)

메뉴판을 보았다. 한국과 다른 햄버거들이 많이 있었다. 하지만 메뉴를 보며 시간을 길게 끌고 싶지 않아 한국에서도 파는 햄버거를 선택했다. 미국은 한국과 달리, 햄버거마다 번호가 달려 있어 번호만 말하면 되는 시스템이었다. 영어에 자신 없었는데 거리낌 없이 주문했다.

"Number 2 and potato chips and coke, please."(2번 햄버거와 감자 튀김, 콜라 주세요.)

무사히 주문을 마쳤다. 이제 남은 관문은 계산이었다. 직원이 가격을 알려주었다. 어라? 뭐라 말하는데 알아듣지 못했다. 순간 당황했지만, 아무리 미국이라도 햄버거가 만 원을 넘을까 싶어 지갑에 있던 10$를 내밀었다. 10$는 한국 돈으로 약 1만1,000원에 해당하는 금액이다. 돈을 받은 직원은 거스름돈을 내밀었다. 성공이었다. 성공을 만끽하며 지폐는 지갑에 동전은 주머니에 넣었다. 그렇게 미국에서의 첫 주문을 마쳤다. 잠시 기다린 뒤 햄버거를 받았는데 혹시나 늦을까 싶어 게이트 앞 의자에 앉아 먹었다. 미국 햄버거라는 생각이 드니, 더 맛있게 느껴졌다.

'이야! 역시 미국 햄버거는 다르구나!'

햄버거 사진을 찍어 친구에게 SNS로 자랑했다. 자랑질한 후 휴대폰을 보니 시간은 어느덧 오후 2시 20분이 되었고, 승객들이 비행기에 탑승할 준비를 하고 있었다. 함께 줄을 섰다. 게이트 앞에서 직원에게 티켓 검사를 받은 후 안으로 걸어 들어갔다. 비행기는 생각했던 것보다 작았다. 디트로이트에서 뉴욕까지는 1시간 30분 정도 소요된다. 작은 비행기에 승객들 또한 많지 않았다. 자리에 앉아 주위를 둘러보았다. 헉, 주변의 승객들이 다 미국인이었다. 그때 '진짜 미국에 왔구나!' 하고 느낄 수 있었다. 한편으론 미국 현지인이 된 것 같아 조금 우쭐해지기도 했다.

조금 뒤 이륙 준비를 한다는 안내방송이 기내에서 흘러나왔다. 비행기는 곧 이륙했다. 나는 1시간 반 동안 게임을 하며 시간을 보냈다. 게임에 질려 졸음이 오려는 타이밍에 승무원들이 복도를 다니며 등받이를 세우라 했다. 거의 도착했음을 알 수 있었다. 창문 가리개를 열고 밖을 둘러보았다. 조금 이상한 기분이 들었다. 산과 땅들이 보여 곧 도착한다는 것이 실감 났지만, 지면과 가까워질수록 뉴욕이 맞는가 하는 의문이 들었다. 의문은 의심을 넘어 두려움으로 변했다. 혹시나 비행기를 잘못 탄 것은 아닌지 걱정됐다.

'밖에 보이는 곳이 정말 뉴욕일까?'

뉴욕은 빌딩 숲이라고만 생각했다. 그런데 빌딩이 아닌 진짜 숲이 보이니까 당황스러웠다. 괜찮아 괜찮아 하면서 스스로를 열심히 위로했다. 얼마 후 비행기가 도착했고, 승무원이 안내방송을 했다. 집중해서 들었다. 하지만 웬걸, 공항 이름이 잘 들리지 않았다. 그때부터 내릴 때까지 긴장이란 긴장은 다 했다.

'비행기에서 내려 공항 이름을 찾아보자. 공항 안에서는 여기가 어느 공항인지 알 수 있겠지?'

급하게 내려 주위를 둘러보았다. 공항이 상상 이상으로 컸다. 짐을 찾으러 가는 길이 이렇게 긴 공항은 처음 보았을 정도다. 짐을 찾으러 가는 길을 따라 걸으며 주변의 팻말들을 신중히 보았다. 조금 걷자, 다행히 마음을 안심시켜줄 팻말을 볼 수 있었다. 그 팻말에는 'John F. Kennedy 공항'이라고 적혀 있었다. 도착하기로 했던 공항이 맞아 그제야 마음이 놓였다.

비행기 안에서 뉴욕을 의심했던 이유가 여기에 있었다. '존 에프 케네디' 공항은 뉴욕시의 '퀸스'라는 외곽지역이라 큰 빌딩들이 보이지 않았던 것이다. 아무래도 혼자였기에 나는 피곤한 의심들을 많이 할 수밖에 없었다. 작은 일이라도 외국에서 하는 실수는 치명적일 수 있다. 지금은 스스로 할 수 있는 충분한 나이를 먹었지만, 그 당시는 정말 어렸다. 많은 것이 두려움이었다. 그러나 오히려 그 두려움을 통해 스스로를 단련시켜야 할 때였다. 나는 그 단련을 게을리하지 않았다. 그래서 뉴욕으로 오는 길에 수없이 의심하고, 묻고, 확인했던 것이다.

기나긴 통로를 지나 짐을 찾는 레일에 도착했다. 짐을 찾고는 서둘러 출구 게이트로 향했다. 교환학생 프로그램 관리자가 픽업하기로 되어 있었다. 캐리어를 찾는 곳까지의 통로가 너무 길어, 생각보다 출구 게이트까지 나가는 시간이 오래 걸렸다. 그대로 무사히 출구 게이트를 빠져나왔다.

게이트 앞에는 많은 사람들이 각자의 팻말과 함께 서 있었다. 누군가의 이름이 적힌 팻말, 여행객들을 기다리는 팻말 등 다양한 성격의 팻말들이 보였다. 내 이름이 적힌 팻말을 찾기 위해 천천히 걸으며 한 사람 한 사람 둘러보았다. 하지만 웬걸, 내 이름이 적힌 팻말과 교환학생 티셔츠를 입은 관리자가 보이지 않았다. 또 한 번 불안감이 엄습했다.

'내가 다른 게이트로 나온 건가? 아니면 관리자가 아직 도착하지 않은 건가?'

할 수 있는 일이라곤 주위를 둘러보는 일밖에 없었다. 두려웠다. 우선 침착하게 그 자리에 서서 기다리자며 스스로를 안심시켰다. 10

분 정도 서서 기다렸다. 주위를 걸어 다니는 사람들에게 일부러 눈을 마주치며 신호를 보냈다. '혹시 나를 찾고 있나요?'라는 신호를. 하지만 모두들 바쁜 듯 그저 자기 갈 길만 빠르게 갔다. 힘이 빠졌다. 시간이 지나도 나를 찾는 사람은 보이지 않았다.

이렇게 서 있기만 하면 절대 만나지 못할 것 같아 방법을 찾아 나섰다. 가장 좋은 방법은 재단에 전화하는 것이었다. 예전에 유학원 선생님이 재단 전화번호를 알려준 적이 있었다. 혹시 뉴욕에 가서 문제가 생기면 전화하라고 알려준 번호였다. '옳거니!' 하며 번호를 찾았다. 이제 휴대폰을 빌려 재단에 전화하면 되었다. 전화하려면 현지인의 휴대폰을 빌려야 했다. 영어로 상황을 설명하고 전화기를 빌리는 일이 간단하지는 않았지만 이상하게 긴장되거나 부끄럽지 않았다. 다급함이 그 감정들을 잊게 한 것 같다. 나는 동양인 학생이 부탁하면 쉽게 빌려줄 것처럼 보이는 인상 좋은 아저씨에게 물었다.

"Can I borrow your phone to call?"(휴대폰 빌려줄 수 있나요?)

그러자 아저씨가 대답했다.

"I don't have a phone. Sorry."(휴대폰을 가지고 있지 않아요. 미안해요.)

이번에는 젊은 여성이 눈에 띄었다. 최대한 불쌍한 표정을 지으며 전화기를 빌릴 수 있냐고 물었다. 그러자 그 여성분은 흔쾌히 내 요청을 들어주었다. 여성분 휴대폰으로 전화를 걸었다. 재단의 직원이 전화를 받았다. 내 상황을 최대한 자세하게 설명하려 노력했다.

그러자 직원이 말했다. 픽업하기로 했던 직원이 착각해 다른 게이트에서 기다리고 있다고 말했다. 다시 연락해 있는 곳으로 보내겠다고 했다. 전화기를 빌려주었던 여성분에게 허리를 90도 굽혀 인사했다. 정말 감사하다는 말과 함께.

픽업 직원이 잘 찾을 수 있게 게이트 가까이에 서 있었다. 5분 정도 지나서 드디어 직원과 만날 수 있었다. 직원이 미안하다고 했다. 게이트를 착각했다며 사과했다. 난 괜찮다고 웃으며 대답했다. 그렇게 혼자 뉴욕까지의 긴 여정은 끝이 났다. 총 20시간이 걸렸는데, 무척이나 많은 경험을 했다. 하지만 지금까지의 소소한(?) 경험들은, 미래에 다가올 일에 비하면 서막에 불과했다는 사실을 그때는 알지 못했다.

# 4

# 미국에서 처음 본 노란 하늘

　3박 4일의 뉴욕 오리엔테이션을 모두 마친 학생들은 자기가 배정받은 지역으로 가기 위해 '존 에프 케네디' 공항으로 이동했다. 인솔자 선생님의 도움으로 티켓을 발권받고 짐을 부쳤다. 이제부터 또 혼자만의 시간이었다. 선생님과 떨어져 혼자 비행기를 타러 가야 했다. 다행히 국제선이 아닌 국내선을 타는 상황이라 심사 없이 수월하게 게이트까지 이동할 수 있었다.

　다만, 걱정되는 것이 하나 있었다. 배정받은 지역으로 가기 위해서는 환승을 한 번 해야 한다는 것이다. 존 에프 케네디 공항에서 미네소타 국제공항으로 이동한 후, 미네소타 공항에서 다시 미시건주에 있는 플린트 공항까지 이동해야 했다. 며칠 전 미국 올 때도 환승하며 문제를 겪은 적이 있었다. 그래서 사전에 미네소타 국제공항에서 짐을 찾아야 하는지 알기 위해 카운터에 직접 물어보았다. 다행히 이번에는 짐을 다시 찾을 필요 없이 몸만 환승하면 되는 상황이었다. 그 하나만으로도 마음이 놓이고 가벼웠다.

약 2시간의 비행 끝에 미네소타 국제공항에 도착했다. 밖을 보니 조금 어두웠다. 휴대폰을 켜 시간을 확인하니 밤 8시였다. 유학원 선생님이 보내주신 비행기 정보를 확인했다. 환승 비행기의 시간은 밤 9시였다. 한 시간밖에 여유가 없었다. 짐을 다시 찾을 필요는 없어 마음은 가벼웠다. 천천히 걸어가면 시간 안에 충분히 갈 것이라 예상했다. 비행기에서 내려 환승 게이트를 찾았다. 어라, 그런데 분위기가 조금 묘했다. 미네소타 공항은 국제공항이라 무척 크기로 유명하다. 분명 비행기에서 내리면 어디로 가라는 표지판과 복도가 있어야 하는데, 내가 내린 곳은 일반 게이트였다. 사람들이 큰 복도를 두고 바쁘게 자기 갈 길을 가고 있었다. 느낌상 그 자리에서 환승 게이트를 찾아가면 될 것 같았다. 가야 할 게이트를 전광판에서 찾았다. 이상하게도 전광판에 뜨지가 않았다.

짧은 환승 시간 때문에 우물쭈물할 시간이 없었다. 지나가는 승무원을 잡고 길을 물었다. 승무원이 친절하게 답변해 주었다. 손가락을 가리키며 저쪽으로 가라 했다. 뛰지도 걷지도 않는 걸음으로 마음을 졸이며 승무원이 가리킨 곳으로 갔다. 조금 걸어가니 삼거리 같은 복도가 나왔고, 그곳에서 가야 할 게이트의 방향을 찾을 수 있었다. 시간을 보니 벌써 밤 8시 20분이었다. 30분부터는 비행기를 탈 준비를 해야 했기에 서둘러야 했다. 조금 빠른 걸음으로 걷기 시작했다. 조금 걸으니 이번엔 큰 사거리가 나왔다. 표지판은 여전히 직진을 가리키고 있었다. 생각보다 공항의 크기가 너무 컸다. 조마조마해지기 시작했다. 가야 할 게이트는 B2인데, 전광판은 A, B, C 세 게이트를 가리키고 있었다. 바로 옆에는 몸이 불편한 사람을 위해 태워주는 전동차가 있었는데, 전동차에는 'B, C'라는 표시가 있었다. 가만히 서서 잠시 고민했다.

'여기 앞에 A1이 있는데 조금만 걸어가면 나오려나? 전동차에 B 라고 쓰여 있는데 이거 타고 가면 되나?'

걷느냐 전동차를 타느냐, 순간 고민됐다. 걸어서 가는 것은 어느 정도의 안정성이 있었다. 조금만 걸으면 나올 것 같았기 때문이다. 하지만 전동차를 탄다면, 생각했던 것보다 더 멀리 이동하게 될지도 모르고 내가 원하는 게이트까지 간다는 확신이 서지 않았다. 10~20분의 시간밖에 남지 않아 작은 실수도 범하면 안 되는 상황이었다. 30초 동안의 고민 끝에 걷기로 했다. 눈앞에 A1이 보였기 때문에 조금만 걸으면 금방 도착할 것만 같았다. 뛰기 시작했다. 등에 있는 가방이 조금 무거웠다. 캐리어 외의 짐들을 모두 담았기에 가방도 무게가 있었다. 무게를 잊은 채 뛰기 시작했다. 조금 뛰니 금방 A 게이트의 끝에 도착했다. 거기서 첫 좌절을 맛보았다. A 게이트가 끝나면 바로 B 게이트가 있으리라 생각했는데, 큰 사거리만 나온 채 B 게이트는 보이지 않았다. 하늘이 노랬다. 당황해서 가슴이 요동치기 시작했다.

뛰어왔던 길을 다시 뛰어가 전동차를 타러 갔다. 저녁 8시 40분이었다. 더 늦으면 탑승을 하지 못한다. 왔던 길을 다시 뛰어가 전동차를 기다렸다. 만약 이 전동차도 그 게이트로 가지 않는다면 생각하기도 싫은 무시무시한 위기와 난관에 봉착하게 된다. 조금 기다리니 전동차가 왔다. 빠르게 탑승했다. 전동차가 움직였고 얼마 가지 않아 정차했다. 여기서 내려야 하나 주위를 둘러보았다. 주변에 B 게이트는 보이지 않았다. 전동차의 문이 닫히고 다시 움직였다. 조금 더 가니 문이 한 번 더 열렸다. 주위를 둘러보니 저 멀리 B1 게이트가 보였다. 신속하게 내려 힘껏 뛰었다. B1 게이트를 지나 드디어 B2 게이트에 도착했다. 도착한 순간 머리에 돌을 맞은 기분이었다.

게이트는 너무나 조용했고 깨끗했다. 사람이 한 명도 보이지 않았다. 이상했다. 가슴이 철렁 내려앉았다. 전광판의 시간을 보니 시간은 8시 55분이었다. 머릿속에 아무런 생각도 들지 않았다. 순간 멍했다. 다리에 힘이 풀렸다. 터벅터벅 걸어가 의자에 앉았다. 가방을 옆자리에 툭 던졌다. 힘이 쭉 빠졌다. 의자에 앉아 생각했다.

'이젠 어떡하지? 비행기를 놓쳤어. 나, 국제 미아가 된 건가?'

그야말로 멘붕이 왔다. '하늘이 노랗다'라는 말을 몸으로 직접 체험하는 순간이었다. 지금 다시 생각해도 아찔하다. 어쨌든 다시 떠 올리고 싶지 않은 인생 최대의 위기였다. 멍하게 몇 분의 시간을 흘려보냈다. 정신 차리고 다시 생각했다. 정말 많은 생각이 들었다. 도착해야 할 공항에는 홈스테이 배정받은 부모님이 시간에 맞춰 나오기로 약속되어 있었다. 그 공항으로 가는 다음 비행기가 당장 있는지 없는지도 모르는 상태였다. 또 티켓을 사는 것도 부담이었다.

여러 모로 홈스테이 부모님에게 죄를 짓는 기분이었다.

너무 속상했고 어찌할 바를 몰랐다. 화가 나기도 했다. 이렇게 큰 공항에서 환승하는데 왜 중간 대기시간이 한 시간밖에 되지 않는지, 결론적으론 시간이 부족해 비행기를 놓친 것이었다. 답답한 마음으로 휴대폰을 켰다. 공항 와이파이를 이용하니 약 한 시간 전, 홈스테이 부모님으로부터 문자가 와 있었다. 공항에 잘 도착했냐는 메시지였다. 문자로 사정을 말해야 했다. 이렇게 답장을 보냈다.

– 미네소타 공항에는 잘 도착했는데 비행기를 놓친 것 같다. 어떻게 해야 할지 모르겠다.

답장을 보내고 한숨을 푹 쉬었다. 그때 우연히 전광판이 눈에 들어왔다. 전광판에 플린트 공항이 표시되어 있었다. 그리고 화면 오른쪽 밑에 시간이 보였다. 어라, 시간이 조금 이상했다. 분명 밤 9시가 넘어야 하는데 이제야 8시 5분인 것이다. 시간을 약 5초 동안 쳐다봤다.

'왜 시간이 8시지? 전광판의 시간이 틀린 건가?'

휴대폰의 세계 도시 시간을 찾아봤다. 미네소타를 검색했다. 현지 시각이 밤 8시 7분이었다. 혹시나 하는 마음으로 뉴욕을 찾아봤다. 뉴욕은 밤 9시 7분이었다. 그렇다, 뉴욕과 미네소타는 한 시간의 시차가 있었다. 그것도 모르고 한 시간밖에 시간이 없다며 난리를 친 것이다. 모두 내가 착각해서 벌어진 일이었다.

이 사실을 알게 된 후, 두 가지 상반된 감정이 교차했다. 비행기를 놓치지 않아 다행이라는 기쁜 마음과 지금까지 놀라고 당황했던 스스로에 대한 허탈감이었다. 홈스테이 부모님에게 문자를 다시 넣었다. 다행히 비행기를 놓치지 않았다고. 시차 때문에 시간을 착각했다고. 그러자 부모님으로부터 답장이 왔다. 이 상황이 웃기셨던 모양이다.

- 하하, 맞아! 미네소타와 디트로이트(내가 거주할 주)는 약 한 시간의 시차가 존재해. 조심히 날아오고 이따 보자.

준비를 많이 했으나 시차는 전혀 생각지 못했다. 미네소타와 디트로이트는 정말 가까이 붙어 있었다. 가까운 거리에서 한 시간의 시차가 있을 것이라고는 상상도 하지 못했다. 미국의 크기에 대해 다시 실감할 수 있었다.

밤 8시 20분이 되자 서서히 사람들이 모이기 시작했다. 승무원도 가방을 끌고 나타났다. 그제야 정말로 마음을 놓을 수 있었다. 그렇게 밤 9시에 작은 비행기에 올랐다. 플린트는 약 10만 명이 거주하는 작은 도시였기 때문에 플린트 공항으로 이동하는 사람들은 많지 않았다. 약 한 시간의 비행 끝에 최종 목적지에 도착할 수 있었다. 시간은 밤 11시, 한 시간의 시차를 더해 시간은 밤 10시가 아닌 11시였다. 정말 피곤한 여정이었다. 가방을 메고 터벅터벅 걸어갔다. 플린트 공항은 작았기 때문에 조금만 걸으면 바로 짐을 찾는 컨

베이어 벨트가 보였다. 짐을 찾고 밖으로 나가니 내 이름과 환영한다는 문구가 적힌 플래카드를 들고 있는 두 사람을 찾을 수 있었다. 바로 홈스테이 부모님이었다. 인사를 나누고 짐을 찾은 후 차를 타고 집으로 향했다. 경유하는 과정에서의 소동에 관해 이야기를 나누었다. 한 시간 정도 뒤에 무사히 집에 도착했다.

　미국 오기가 이렇게 힘든 줄 오고 나서야 알았다. 이 일을 겪으며 깨달은 점은 "호랑이에게 물려가도 정신만 바짝 차리면 산다"는 것이다. 그 속담처럼, 예상치 못한 힘든 순간이 오더라도 절대 낙심하지 말고 정신 똑바로 차리면 살아날 방법이 있다는 것을 직접 몸으로 배운 하루였다.

# 5

# 스물두 살 엄마와
# 지내면서 배운 것

미국 호스트 부모님은 굉장히 젊었다. 아버지는 만 30세, 어머니
는 만 22세였다. 아버지, 어머니라 부르기가 조금 어색한 나이였다.
보통의 어머니는 최소 스무 살 이상은 나이 차이가 나기 때문이다.
이 사실을 알게 되었을 때 무척 당황스러웠다. 공항에서 만나 차를
타고 집으로 향할 때 호칭을 어떻게 부를지 상의했다. 자신들은 편
한 호칭으로 부르라 했다. '맘(엄마)'이라는 표현과 본명 중, 어떻게
부를 것인가를 놓고 고민했다. 누나 나이를 어머니라 부르기는 조
금 어색한 것 같아 아버지, 어머니 두 분 모두 이름을 부르기로 했
다. 아주 어린 여동생도 두 명이나 생겼다. 첫째 여동생은 만 4세,
한국 나이로 다섯 살이었다. 둘째 여동생은 만 2세, 한국 나이로 세
살이었다. 나는 이제 막 아기를 낳은 젊은 부부의 가정으로 배정을
받았다.

부모님은 굉장히 매너 있었고, 나에게 관심도 많았다. 젊은 부부였기에 이해를 잘해주었고, 말 또한 잘 통했다. 두 여동생들은 너무나 예쁘고 귀여웠다. 누나만 있던 나에게 처음으로 오빠란 호칭을 듣게 해주었다. 평상시 여동생을 너무나 가지고 싶었던 나에게는 행운이었다. 아이들 또한 나를 좋아해주었고 잘 따라주었다. 정말 사랑스러운 아이들이었다. 나는 그들에게 좋은 오빠로 기억될 수 있도록 노력했다.

시간이 지날수록 가족들과의 관계는 깊어져갔다. 그런데 관계가 깊어질수록 오히려 마찰이 자주 일어났다. 미국 어머니는 한국의 친누나와 나이가 비슷했다. 당시 내게는 스물한 살의 큰누나가 있었다. 미국 어머니의 나이는 한국 나이로 스물세 살이었다. 미국 어머니는 마음이 따뜻하신 분이셨고 내게 관심도 많으셨다. 다만 지나친 관심과 애정으로 인해 가끔 간섭 아닌 간섭을 하곤 했다. 예를 들면 귀가 시간을 지켜야 한다거나, 집에서 어떻게 행동해야 한다거나 하는 사소한 문제들이었다.

그럴 때마다 기분이 좋지 않았다. 내가 행동하는 방식들이 어머니의 가치관과 다른 경우가 많았다. 난 무엇이든 스스로 해결하는 것을 좋아한다. 그러한 능력을 기르기 위해 자진해서 미국으로 건너왔다. 한국에서도 부모님의 관리를 거의 받지 않고 스스로 생각하고 행동했다. 한국의 부모님은 나에 대한 간섭이 거의 없었다. 전적으로 믿고 신뢰했다. 늦더라도 전화하면 이해해주었다.

하지만 미국의 부모님은 달랐다. 여기서는 전화한다고 되는 일이 아니라 정해진 시간에 정확히 귀가해야만 했다. 조금이라도 늦으면 잔소리가 시작됐다. 특히 어머니가 그랬다. 그런 생각의 차이로 인해 힘들었다. 학생을 관리해야 한다는 호스트의 의무감 탓도 있겠지만 생각의 차이는 분명 존재했다. 그 차이가 나를 힘들게 했다. 혼란스러웠다. 마냥 젊은 어머니의 의견과 생각을 따라야 할지, 내가 해온 방식대로 행동해야 할지. 미국 어머니가 하는 말은 어른의 표현으로 느껴지지 않고 큰누나의 잔소리로 들렸다. 내게 관심을 나타낼 때마다 어떻게 해야 할지 몰랐고, 답답했다. 내 생각과 주장을 확실하게 표현을 해야 할지 고민스러웠다. 동서양의 문화, 풍습, 환경이 달라 그런 것이라고 이해해보려고 노력했다.

많은 마찰을 겪은 후에서야 이런 생각이 들었다.

'로마에 가면 로마법을 따라야지. 직장에 가면 상사의 말을 들어야 하고, 군대에 가면 선임의 말을 들어야 해. 윗사람이 누구인지는 중요하지 않아.'

자신의 윗사람을 강제로 바꿀 수도 없는 법. 결국 아랫사람인 내가 따라야 한다는 결론이 내려졌다. 미국 부모님의 나이는 고려할 사항이 아니었다. 그들은 나이와 상관없이 나의 보호자였다. 보호자를 따르는 것이 도리에 맞았다. 어쨌든 나는 성인이 아닌 학생이었다. 미국 부모님은 내가 학생이라 보호자의 관리가 필요하다고 생각하는 것 같았다. 그렇게 생각하니 마음이 편했다. 편한 마음으로 홈스테이 부모님의 생각과 방향을 따랐다. 그러면서 갈등이 많이

미국 가족들과 함께, 공항 도착 직후

집 떠나 다른 환경에 살려면
자신만의 생각과 고집은
조금 접어둘 필요가 있다는 것을 배웠다.

**먼저 상대를 인정해주고**
자신의 생각을 조리 있게 말하면
서로가 원하는 타협점을 찾을 수 있다.
낯설고 다른 환경에서는
이러한 자세가 특히 더 요구된다.

줄었다.

지금 생각해보면 그때는 정말 철부지였던 것 같다. 한국에서 너무나 자유롭게 생활하다 보니 바뀐 환경을 이해하지 못했고 내 생각만 했었다. 귀한 경험이었다. 그때 나는 집 떠나 다른 환경에 살려면 자신만의 생각과 고집은 조금 접어둘 필요가 있다는 것을 배웠다. 상대의 생각과 마음을 이해할 수 있는 눈도 키울 수 있었다. 공동체 생활을 통해 배려와 소통 능력도 배웠다.

먼저 상대를 인정해주고 자신의 생각을 조리 있게 말하면 서로가 원하는 타협점을 찾을 수 있다. 낯설고 다른 환경에서는 이러한 자세가 특히 더 요구됨을 일찍 깨달을 수 있었다.

# 6

# 자고 나니 동양인 괴물로
# 변해 있었다

개학한 후로, 학교 수업도 듣고 방과 후 축구를 하느라 신체적으로 매우 피곤했다. 매주 화 · 목 오후 4시부터 6시까지 훈련을 했고, 일주일에 두세 번은 다른 학교와 경기를 벌였다. 월 · 수 · 금뿐만 아니라 다른 학교와 경기가 있는 주는 화 · 목 훈련까지 겹쳐 일주일 내내 축구를 해야 하는 상황이 되어 많이 힘들었다. 하지만 화, 목에 경기가 있는 날이 많았기 때문에 평일 5일 중 2일 정도는 쉴 수 있었다. 대부분 시합은 원정경기였다. 원정경기를 하게 되면, 밤 9시 또는 10시가 되어야 집에 돌아왔다. 경기가 있는 학교의 거리가 가까우면 빨리 돌아올 수 있지만 한 시간 반에서 두 시간 정도 걸리는 학교들이 대부분이었다. 역시 미국 땅은 크고 넓었다. 버스 타고 이동하는 일도 신체적으로 힘들었다.

힘든 일정이었지만 그래도 장점이 있었다. 축구 팀원들과 함께

하는 시간이 많아져 자연스럽게 빨리 친해질 수 있었다. 처음에는 어색하고 말이 잘 통하지 않아 친해지기가 어려웠다. 훈련할 때에도 팀원들과 말할 필요가 없어 거의 말하지 않았다. 훈련은 그저 팀 동료들이 하는 것을 보고 눈치껏 따라 하면 되었다. 하지만 원정경기를 가면 팀원들과 모여 있는 시간이 많았다. 우리 학교 축구팀은 9, 10학년(중3, 고1) 팀, 11, 12학년(고2, 고3) 팀으로 구성되어 있었다. 원정경기 갈 때는 두 팀이 함께 가는데, 우리 팀의 경기가 끝나면 11, 12학년 팀이 경기를 펼쳤다. 그러면 우린 그들의 경기가 끝날 때까지 관중석에서 약 한 시간 정도 기다려야 했다.

세 번째 경기 날, 드디어 나의 첫 골이 터졌다. 내가 맡은 포지션은 최전방과 사이드 공격수였는데, 첫 골이 터지기 전까진 교체선수로 활동했기에 골을 넣을 기회가 많지 않았다. 세 번째 경기 날도 역시 교체선수로 투입된 상황이었다. 오른쪽 공격수가 드리블을 치고 두 명의 수비수를 제친 뒤, 슈팅을 날렸다. 두 수비수를 제치는 모습이 너무 인상적이어서 넋을 놓은 채 그의 플레이를 지켜보고 있었다. 멋지게 날아간 공은 중앙 수비수의 다리를 맞았다. 그리고 중앙에 있던 나에게 운 좋게 흘러왔다. 예상치 못한 일이었다.

굴러오는 공을 어떻게 처리해야 할지 짧은 순간 고민했다. 그 사이 왼쪽 앞에서 수비수가 나를 마크하기 위해 달려왔다. 오른쪽 앞에는 공을 걷어낸 중앙 수비수가 서 있었다. 두 가지 선택사항이 있었다. 굴러오는 공을 잡지 말고 그대로 찰지, 왼쪽에서 달려오는 수비수와 틈을 두기 위해 오른쪽 앞으로 한 번 치고 나가 슈팅할지. 0.5초 안에 결정을 내려야 했다. 나는 곧바로 차기로 마음먹었다. 내 앞에는 두 명의 수비수가 있었기에 골대는 정말 희미하게 보였다. 사실 어떻게 차든 왼쪽 수비수나 오른쪽 수비수 몸에 맞고 빗나갈 것 같아 그냥 부담 없이 찼다. 굴러오는 공을 그대로!

공이 발에 맞는 느낌이 좋았다. 공은 골대의 오른쪽 모서리 쪽으로 낮게 깔려 날아갔다. 조금 뒤, 골 그물이 힘차게 출렁거렸다. 2대 1로 지고 있던 후반전 상황에서 골을 넣어 2대 2 동점이 되었다. 처음으로 사기가 올랐다. 동점 골을 터뜨리고는 팀원들과 함께 기쁨을 나누었다.

10분 지나 또 한 번의 행운이 찾아왔다. 어김없이 오른쪽 공격수가 열심히 드리블을 쳐 수비수를 제친 뒤 빠르게 크로스를 올렸다. 힘이 많이 들어간 탓인지, 땅볼로 굴러왔다. 조금 약하게 굴러왔던 공이라 중앙에 있던 수비수가 공을 걷어찰 것이라 예상했다. 하지만 예상과 달리 수비수는 헛발질했고, 그 공은 나에게 그대로 흘러왔다. 골대 가까이 있어서 자신 있게 슛을 강하게 때렸다. 공은 그대로 쭉 빨려들어가 다시 골네트를 뒤흔들었다. 정말 좋았다. 그야말로 하늘을 나는 기분이었다. 나는 골 세리머니를 위해 필드 바깥쪽으로 향했다. 필드에 있던 선수들이 모두 뛰어나왔다. 3대2 역전이었다. 동료들은 나와 함께 껑충껑충 뛰면서 기쁨을 함께 나누었다. 몇몇 선수들은 환호에 젖어 날 때리며 말했다.

"You got the game Kim!"

2번을 달고 뛰는 모습

나의 미국 생활에서 가장 행복했던 시간은
**축구팀에서 운동한 것이다.**

미국인들과 함께 운동할 기회를 얻기가 쉽지 않은데,
운동도 하고 미국 문화도 더불어
즐길 수 있어 유익했다.

"This game is yours!"

이 게임은 네가 만들었고, 또 너의 경기라는 뜻이었다. 나의 첫 골과 더불어 한 경기에 두 골을 넣어 팀의 승리에 기여했다. 기분 최고였다.

미국의 축구 수준은 한국과 비슷하다. 대부분의 핵심 선수들도 한 경기에 3골을 넣기는 정말 어렵고, 대부분 1골이나 2골 정도를 넣는다. 그런데 리그의 3번째 경기만에 교체선수가 두 골을 넣은 것은 흥분할 만한 사건이었다. 경기는 4대3으로 끝이 났다. 팀의 동료가 한 골을 더 넣어 4대2인 상황에서 종료 5분 전, 상대 팀의 선수가 한 골을 넣어 결국 4대3으로 마쳤다. 경기 후 나는 영웅이 되었다. 친구들이 말했다.

"네가 없었다면 우린 졌을 거야."

"이 게임은 네가 다 했다."

좋은 말들을 많이 해주는 친구들이 고마웠다. 이 경기를 계기로 서먹서먹하던 팀원들과 빠르게 친해질 수 있었다. 나 말고 두 골을 넣은 친구가 시무룩한 표정으로 팀원들에게 말했다.

"나도 2골 넣었는데? 난?"

그 친구 또한 두 골을 넣어 우리가 4대3으로 이길 수 있었다. 팀원들이 그에게 말했다.

"넌 조용히 해. 외국인이 아니잖아"

장난기 가득한 그 말에 모두가 웃었다. 경기가 끝나고 짐을 챙긴 후 다 같이 관중석으로 향했다. 친구들이 나에게 많은 질문을 해주었고, 우리는 금세 친해졌다. 또 한 가지 중요한 것은, 그 경기 이후 난 주전 공격수가 될 수 있었다.

그렇게 하루가 지나고 나니 학교에서 날 알아보는 친구들이 많아졌다. 한 경기에 두 골을 넣은 아이라는 소문과 함께 'Asian Monster 동양인 괴물'라는 별명도 가지게 되었다. 학생 대부분이 나의 별명을 알게 되었고, 축구팀 동료들이 자신의 친구들을 나에게 소개해주었다. 자연스레 친구들을 많이 알게 되었다. 친구들은 나에 대해, 또 한국이라는 나라에 대해 질문을 많이 했다. 나도 미국 문화에 대해 질문하며 팀원들과 반 친구들과 어렵지 않게 어울릴 수 있었다.

반마다 최소 1명에서 5명까지 축구 팀원들이 있었다. 때문에 교실에서 하는 그룹 프로젝트를 함께할 수 있었고, 모르는 것이 있으면 그 친구들이 잘 알려주었다. 나아가 겨울 시즌에는 농구가 시작되는데, 축구팀 친구들이 농구팀 친구들을 미리 소개해주어 농구팀 친구들과도 또한 편하게 지낼 수 있었다. 9월, 10월, 11월의 시간은 그렇게 즐겁고 빠르게 지나갔다.


축구를 하면서 많이 힘들기도 했지만 재미있었고 보람도 있었다. 매주 최소 4일은 축구를 했기 때문에 많이 힘들었다. 미국은 일찍 자고 일찍 일어나는 문화가 있다. 밤 10시가 되면 모두 잠자리에 들어 아침 6시 반에 일어나 등교 준비를 한다. 거의 매일 새벽 2시쯤 잠들어 7시에 일어나 등교 준비를 했던 한국 생활과 비교하면, 충분한 시간의 숙면이었다. 하지만 축구 때문인지, 매일 밤 10시에

잤음에도 아침 6시 반에 일어나기는 쉽지 않았다. 매일 머리 감는 것을 포기한 채 7시에 일어나 옷을 입고 가방만 메고 스쿨 버스 타러 가기 바빴다.

당시에는 너무 피곤해 축구팀을 도중에 나올까 고민하기도 했으며 괜히 운동부를 했나 하는 후회가 되기도 했다. 매주 화·목 두 시간씩 진행되는 훈련은 상당한 체력을 요했기에 최대한 빠질 생각만 했었다. 하지만 시간이 지나고 다시 회상해보니 나의 미국 생활에서 가장 행복했던 시간이고 순간이었다. 살면서 미국인들과 함께 운동할 기회를 얻기가 쉽지 않은데, 운동도 하고 미국 문화도 더불어 즐길 수 있어 유익했다. 무엇보다 축구 팀원들과의 관계가 나의 미국 생활 적응에 많은 도움을 주었다. 그들에게 감사하다. 그 친구들과는 아직도 '인스타그램'이라는 소셜 네트워크 서비스를 통해 교류하고 있다. 자주 연락은 못 하지만, 최소한의 '하트'는 서로 눌러주는 관계를 지금도 유지하고 있다.


미국에선 스포츠팀을 결성할 때 선수들을 대상으로 '트라이 아웃Try out'을 실시한다. 선발 시험과 비슷하다고 보면 된다. 선수들의 능력을 검사하고, 만약 신청자가 많을 경우 능력이 떨어지는 선수들은 팀에 함께하지 못한다. 하지만 웬만하면 신청한 모든 학생이 팀에서 운동할 수 있다. 나도 농구시즌이 시작되기 전에 방과 후 이틀간 트라이 아웃을 했다. 약 1시간 30분 정도 진행되는데, 달리기, 레이업 슛, 슈팅, 점프력 등을 테스트 받았다.

　농구팀에 신청한 학생들은 실력이 다들 좋았다. 보통 잘하는 선수가 있으면 못하는 선수도 있어야 하는데, 전체 학생들의 평균 실력은 매우 뛰어났다. 미국 학교에서 농구팀으로 선발 출전하기란 여간 어려운 일이 아니다. 농구는 인기가 많은 종목이기 때문에 학년별로 농구팀이 있었다. 트라이 아웃 끝에 잘하는 학생들은 자기 나이보다 높은 나이 그룹의 팀으로 들어갔다. 그 후 남은 선수들로 주선과 교체선수가 정해진다. 나는 팀에서 우월하게 잘하는 편이 아니었기에 나이에 맞는 팀에 들어갔다. 팀이 결정된 후, 다양한 훈련을 했다. 훈련은 매우 힘들었다. 축구 시즌 때의 훈련과 비교하면 농구가 훨씬 고강도의 훈련이었다. 기본적으로 농구는 강한 체력을 요구한다. 코트는 작지만, 공수전환이 빨라 반복적으로 빠르게 많이 뛰어다녀야 하는 운동이다. 모든 운동에서 체력은 기본이지만 농구에서는 더욱 중요하다.

나는 미국 친구들에 비하면 체력이 많이 약했다. 3개월 동안 축구를 통해 체력단련을 했는데도 농구 훈련을 따라가기 힘들었다. 팀을 짜서 경기할 때도 조금만 뛰어도 힘들었다. 미국 친구들보다 힘 또한 약했기 때문에 뛰어난 기술이 없다면 살아남기 힘들었다. 드리블, 슈팅, 달리기 등등 남들보다 뛰어난 것이 없었기에 교체선수에 머무를 수밖에 없었다. 한국에서는 농구를 잘하는 편이었다. 주로 경기를 이끌어가는 부류였다. 하지만 미국에 오니 아무것도 아니었다. 축구하고는 완전히 달랐다.

농구를 시작한 후로 매일 운동을 해야겠다고 결심했다. 이렇게 마른 몸과 좁은 어깨로는 미국 친구들과 경쟁할 수 없었다. 당시 내 몸은 매우 말랐었다. 나는 매일 밤 방에서 팔굽혀펴기를 30회씩 했다. 10개씩 3세트였다. 한국에 돌아가기 전까지 팔굽혀펴기를 6개월간 거의 하루도 빠짐없이 했다. 중간에 아령도 사서 팔 운동과 병행했다. 6개월간의 근력 운동 덕분에 부모님, 친구들로부터 건강해졌다는 소리를 들었다. 근력 운동을 병행하며 농구 훈련 또한 열심히 했다.

그런데 열심히 농구를 하던 중, 청천벽력 같은 소식을 듣게 되었다. 하늘이 무너져 내릴 만큼 절망적인 일이 벌어진 것이다. 그 일로 인해 엄청난 스트레스를 받아 몇 달 동안 힘든 시간을 보내야만 했다. 그 사건은 다름 아닌 전학이었다.

# 7

# 내게 왜 이런 시련을

어느 날 홈스테이 어머니가 방에 오셔서 진지한 표정으로 말씀하셨다.

"우리 집이 버턴Burton이라는 작은 마을로 이사 가게 되었어. 네가 함께 가게 된다면 지금 다니고 있는 학교는 다닐 수 없어. 거리가 멀어 집과 가까운 학교로 전학 가야 해. 프로그램 도중에 이사가게 되어 정말 미안해. 네가 갑자기 학교를 바꾸는 것이 얼마나 힘든지 잘 알고 있어. 하지만 새로운 경험이라 생각하고 함께 가는 것이 어떻겠니? 집 주변의 학교도 좋아."

이 말을 듣자 망치로 머리를 한 대 맞은 기분이었다. 많이 혼란스러웠다. 내 느낌으로는 이미 몇 달 전에 이사 가기로 확정된 상태로 보였다. 화나기도 하고 걱정되기도 하고 짜증도 나는 등 다양한 감정들이 뒤죽박죽이었다. 홈스테이 부모님을 따라 새로운 환경으로 전학 갈지, 주변의 다른 홈스테이를 찾아 지금의 학교를 계속 다닐지 결정해야 했다.

어느 쪽을 선택해야 할지 쉽지 않았다. 정든 가족과 떨어져 지낸다는 것은 무척 슬픈 일이다. 어린 두 여동생을 너무 예뻐했기에 가족을 바꾸고 싶진 않았다. 하지만 일과의 대부분을 보내는 곳은 학교다. 낯선 환경에 적응하느냐 못 하느냐는 학교와 친구 관계에 달려 있다. 미국 학교 시스템에 적응하는 것과 미국 친구들을 사귀는 것은 쉬운 일이 아니다. 그것도 이른 시간에.

6개월 동안 힘들게 학교 시스템에 적응하고 많은 친구를 사귀었다. 이제 적응이 되어 재미있게 학교생활을 즐기려 하는데 전학이라니. 나로선 상상도 하기 힘든 일이었다. 한국에서도 익숙한 학교에서 다른 학교로 옮기는 것은 쉬운 일이 아니다. 동네의 옆 학교로 전학 가는 것도 부담되고 힘든 일인데 생판 모르는 학교로 전학 가라니. 이 가족과 함께 하느냐, 새로운 홈스테이를 찾아 그대로 머물러 있느냐, 인생 최대의 결정을 해야 했다. 모험이었다.

홈스테이 부모님에게 생각할 시간을 달라 하고 혼자 곰곰이 생각해보았다. 한국에 계신 부모님과도 상의했다. 친부모님은 원하는 대로 하라고 하시며 내 생각과 판단을 존중해주었다. 마음이 조금 편해졌다. 혼란스러운 내 마음을 잘 이해해주셨기 때문이다.

결정이 힘든 가장 큰 요인은 친구를 다시 사귀는 일이었다. 당시 나의 영어 실력은 많이 부족했기에 새로운 친구를 사귀기란 쉽지가 않았다. 새로운 학교, 새로운 교실에서 새로운 친구들을 사귈 생각

미식축구 경기장에서

전학이 결정되자 가장 힘든 요인은 친구를 다시 사귀는 일이었다.
하지만 어떤 일이든 긍정적으로 받아들이기로 했다.
또 하나의 큰 산을 넘어간다 생각했다.
**나의 성장에 큰 도움이 될 것이라 믿었다.**
생각보다 친구를 사귀기가 쉬웠고,
그렇게 새로운 환경에 빨리 적응할 수 있었다.
**모험은 성공이었다.**

을 하니 두렵기까지 했다. 하지만 어떤 일이든 긍정적으로 받아들이기로 했다. 또 하나의 큰 산을 넘어간다 생각했다. 나의 성장에 큰 도움이 될 것이라 믿었다.

이사한 집은 원래 살던 집보다 더 크고 좋았다. 같은 단층집이었지만, 작은 거실이 두 개 딸린 아담한 집이었다. 내 방 또한 원래 살던 집보다 커서 만족스러웠다. 하지만 동네는 그렇게 좋은 곳이 아니었다. 살짝 형편이 어려운 마을이었다. 학교에 다니는 학생들이 전에 살던 마을의 학생들과는 조금 달랐다. 마을과 학교에서 흑인 비율이 상당히 높았고, 학교 학생 수도 300명 정도로 적었다. 예전 학교는 학생 수가 1,000명에 달했다.

학교는 미시간주에서 가장 위험한 동네로 손꼽히는 도시인 플린트Flint와 5분 거리에 있었다. 그 이유에서인지 이사를 오게 된 곳은 위험한 동네로 분류되었다. 학교 다닐 때도 몇 번의 '락 다운Lock down'이 일어났다. 락 다운이란, 학생들이 수업 중 교실에 있을 때 밖으로 나오지 못하게 교실 문을 잠그는 것이다. 학교 건물 내에 위험한 일이 일어났을 때 락 다운이 실행된다. 대표적인 경우는 학교 화장실에서 마약이 발견되거나, 학생이 크게 다쳤을 경우다. 반 학기를 다니는 동안 서너 번 정도 일어났다.

동네와 학교는 조금 위험했지만, 반대로 학생들은 대부분 순수했다. 돈 있고 잘사는 동네의 학생들은 조금 우월주의에 빠져 있는 경우가 많다. 하지만 이사 온 마을의 학생들은 전에 다닌 학교의 학생들보다 착하고 좋았다. 덕분에 친구를 사귀기가 쉬웠다. 그 친구들에게 나는 아마 그들이 보는 첫 번째 외국인이었을 것이다. 전학을 오게 된 첫날, 나에게 말도 걸어주며 친절하게 대해주는 학생들이 몇몇 있었다. 생각보다 친구를 사귀기가 쉬웠고, 그렇게 새로운 환경에 빨리 적응할 수 있었다. 모험은 성공적이었다.

# 8

# 낯선 곳에서
# 강해질 수 있는 비결은

미국 유학 생활을 마치고 지난날을 돌아보니 참 의미 있는 시간이었다는 생각이 들었다. 그 당시에는 알지 못했던, 힘들었던 일들이 나를 성장시켜줄 것이라곤 전혀 생각지도 못했다. 그때는 그저 힘들었고, 집이 그리웠기에 하루하루 버텨내기 급급했다. 아픔의 시간이었다. 다시 오지 않았으면 좋겠다는 생각이 들 만큼. 영어라곤 하나도 모르던 아이에게 한국인이 없는, 현지인들만 모여 사는 곳에서 적응하기란 정말 쉬운 일이 아니었다.

나는 그곳에서 내 자신이 얼마나 약한 존재인지 알게 됐다. 한국에선 전혀 느껴보지 못한 감정들을 마주했다. 날이 갈수록 자신감과 자존감은 떨어졌다. 영어 실력 또한 빠르게 늘지 못해 더 힘들었다. 자존감이 떨어진다는 것은 굉장히 슬프고도 아픈 일이다. 세상을 살아가는 주체인 자신이 자신을 믿지 못하고 용기를 주지 못하는 것만큼 슬프고도 힘든 일도 없을 것이다.

그러나 그런 경험으로 인해 많은 생각들을 할 수 있었다. 중요하지만 놓쳐왔던 소중한 가치들을 진정으로 느낄 수 있었다. 그 시절 내가 생각한 가장 소중한 가치는 사람이었다. 나를 믿어주는 사람이 있고 또 내가 믿을 수 있는 사람이 있다면 그 어떤 곳이라도 버틸 수 있다는 것을 깨달았다.

미국이란 낯선 곳에서는 나를 온전히 믿어주고 지지해주는 사람이 단 한 명도 없었다. 언어가 되지 않으니 친구를 사귀기가 힘들었고 모임에 함께하기가 어려웠다. 홈스테이 부모님 또한 실제 부모님이 아니니 깊은 감정을 느끼거나 공유하기 어려웠다. 그 어려움들이 사람의 소중함을 알게 해주었다. 나는 가족의 소중함, 부모님의 사랑, 나를 믿어주는 친구들의 우정을 진하게 느꼈다.

당시 오후 2시 30분이면 학교 수업이 모두 끝났다. 축구부 훈련이 없는 날에는 오후 3시가 되면 집에 도착했다. 학교 친구들은 모두 멀리 떨어져 있어 따로 홈스테이 부모님이 차를 태워주지 않으면 만나서 놀 수가 없었다. 오후 3시부터 잘 때까지는 학교 숙제 외에 따로 할 것이 없어 매우 따분했다. 한창 축구할 때는 심심할 겨를 없이 바빴고 피곤해서 집에 오면 퍼지기 일쑤였다.

하지만 축구 시즌이 끝난 방과 후의 시간은 지루할 만큼 자유로운 시간이었다. 처음 몇 주 동안은 의미 없는 시간을 보냈다. 영어 공부를 하기 위해 TV를 본다거나, 책을 읽는 등의 학습은 전혀 하지 않았다. 항상 휴대폰으로 게임을 하거나 SNS를 하며 시간을 보냈다. 처음에는 그저 행복하고 자유로워 좋았다. 시간이 지나자 모든 것들이 싫증나기 시작했다. 시간을 너무 낭비하고 있다는 생각이 들었다. 무엇을 하며 시간을 의미 있게 보낼지 고민하게 되었다.

고민 끝에 얻은 답은 첫번째는 '논어'였다. 나는 논어 필사를 다시 시작하자고 마음먹었다. 처음 논어 필사를 할 때는 논어의 구절들과 내 생각을 직접 노트에 적으며 필사했는데, 그때와 다른 방법으로 블로그에 올리기로 마음먹었다. 내 생각들을 블로그 이웃들과 공유하고 싶었다. 인터넷을 통해 많은 사람들과 소통하고 싶었다. 실제로 나의 블로그에 들어가 보면 12월부터 5월까지 다섯 달 동안 매일 논어 한 구절씩과 내 생각을 적은 글들이 있다. 논어 필사를 위해 블로그를 시작했는데, 매일 하다 보니 필사 외에 다양한 생각들을 블로그에 남기게 되었다. 미국 유학을 통해 남긴 중요한 결과물 중 하나가 바로 '논어 필사'였다.

'논어 필사'를 한 블로그 주소
https://blog.naver.com/qjawn346

두 번째로 얻은 답은 '운동'이었다. 미국 유학 전 나의 몸은 심각할 정도로 마르고 힘이 없었다. 키 175cm에 49kg이었다. 평소 나는 내 마른 몸이 싫었다. 친구들이 모두 멸치라 불렀다. 그래서 남성의

논어를 예전엔 종이로 필사를 했지만 컴퓨터로 필사를 시작했다.

논어 필사를 위해 블로그를 시작했는데,
매일 하다 보니 필사 외에
다양한 생각들을 블로그에 남기게 되었다.

미국 유학을 통해 남긴 중요한 결과물 중 하나가
바로 논어 필사였다.

상징인 근육을 키우자고 마음먹었다. 한국에 있을 때는 마른 것에 예민하긴 했어도 실질적으로 몸을 키워야겠다는 생각은 하지 못했다. 그런 내가 미국에 와서 달라졌다. 미국의 학교 친구들은 대부분 운동을 했고, 덩치가 컸다. 미국 친구들과 함께 지내다 보니 엄청난 자극이 되었다.

운동을 시작하겠다고 결심한 날, 당장 홈스테이 어머니와 함께 마트에 가 5kg 아령을 샀다. 나의 운동 루트는 이랬다. 매일 팔굽혀 펴기 10회 3세트, 아령 오른팔, 왼팔 각각 10번씩 3세트.

처음 한 달 동안은 큰 변화가 없었다. 하지만 두 달이 지나고 석 달이 지나자 어깨가 조금씩 벌어지기 시작했고 팔은 조금씩 두꺼워지기 시작했다. 정확히 두 달이 지나고 10kg 아령으로 교체했다. 근력이 생긴 것이다. 그렇게 6개월이 지나고 2017년 6월 방학을 맞아 한국에 돌아왔을 때 내 노력의 결실을 볼 수 있었다. 동대구역에 내려 마주한 첫 만남에서 어머니가 이런 말씀을 하셨다.

"몸이 왜 이렇게 좋아졌어? 멋지고 건강해 보여!"

사실 그 말을 듣기 전까진 운동한 몸이 어떻게, 얼마나 변했는지 알 수 없었다. 스스로 변화를 체감하고 인지하기는 어렵다. 어머니의 그 말 한마디에 내 몸이 많이 좋아졌다는 것을 알 수 있었다. 노력의 달콤함을 맛보았다.


운동이든 무슨 일이든 가장 중요한 것은 '꾸준함'이다. 나는 매일 밤 9시가 되면 팔굽혀펴기와 아령 운동을 했다. 6달 동안 하루도 빠진 적이 없었다. 운동하는 것을 즐겼기에 가능한 일이었다. 6개월 동안의 운동을 통해 느낀 점은 노력의 대가는 분명 있다는 것이다. 처음 한두 달 동안은 정말 지루하고 시간이 길게 느껴진다. 얼른 몸이 좋아지기를 기대하는 마음 때문이다. 그런데 두 달 정도 해서는 눈에 띄는 근력은 생기지 않는다. 이는 사람을 쉽게 지치고 포기하게 만드는 부분이다. 이 고비를 넘기면 달콤한 노력의 열매를 맛볼수 있다.

사실 한두 달만 운동해도 몸의 변화는 분명 있다. 그 변화가 크지 않기에 자신의 몸 상태를 모르는 것뿐이다. 이는 우리가 하는 모든 일과 연관이 있다. 어떤 일이든 한두 달 만에 큰 변화를 이루긴 어렵다. 그러나 그 시간 동안 조금의 변화는 분명 있다. 변화가 크지 않아 모르는 것이며, 그래서 실망하는 것이다. 이때 포기하면 정말 아무것도 이루어내지 못한다. 초기의 힘들고 어려운 시간을 잘 버텨낸다면 그 후의 변화들은 눈에 띄게 보이기 시작한다. 지루함과 지친 마음은 곧 자신감으로 변하게 된다.

좋은 습관으로 자리 잡으면 점점 빠르게 성장해 나간다는 사실을 더욱 실감할 수 있다. 자신감과 습관의 조합은 놀랍다. 운동한 지두 달이 지나자 아령의 크기는 두 배로, 팔굽혀펴기 숫자도 자연스럽게 늘었다. 20회씩 3세트. 갈수록 운동이 재미있어졌다. 운동 습관을 들이자 자신감이 붙었고, 한 번 할 때 확 해버리자는 의지까지 생겼다. 그 결과 6개월 만에 큰 변화를 경험했다.

블로그 논어 필사도 마찬가지였다. 필사 습관으로 자신감을 얻고, 블로그를 성공적으로 운영할 수 있었다. 블로그 논어 필사와 운동은, 나의 사고력과 자신감을 증진시켜준 중요한 경험이었다. 이두 가지를 통해 낯설고 외로운 곳에서 몸과 마음 모두 강인해질 수있었다.

# 9

## 불가능한 학생회장 선거를
## 가능하게 만든 비법

나는 캐나다 토론토의 윌로데일 고등학교에 다녔다. 이 학교는
크레딧 스쿨이다. 캐나다에는 많은 종류의 학교들이 있는데, 크레딧
스쿨은 각각의 학생들이 자신에게 필요한 학점을 채우기 위한 학교
다. 많은 수의 아시아계, 중동계, 남미계 학생들이 선호한다.

9월, 새로운 학기가 시작되었다. 이제 12학년이다. 우리나라로
치면 고등학교 3학년이다. 새로운 학기를 시작하는 마음가짐이 예
전과는 사뭇 달랐다. 캐나다의 대학교들은 학생들의 12학년 성적 6
개 과목을 집중적으로 본다. 그렇기에 12학년을 시작하는 나는 마
음이 무거울 수밖에 없었다. 역시나 수업 내용과 시험 수준이 11학
년과는 차원이 달랐다. 어느 것 하나 제대로 신경 쓸 겨를 없이 그
렇게 한 달이란 시간은 빠르게 지나갔다.

어느 날, 흥미로운 소식을 하나 전해 들었다. 바로 학생회장을

뽑는다는 소식이었다. 그 소식을 듣자마자 난 무엇보다 강한 느낌이 들었다.

'아, 이번 학생회장은 나구나!'

왠지 모를 강한 자신감이 들었다. 곧바로 가장 친한 친구에게 달려가 나의 큰 포부를 알렸다.

"이번에 학생회장 출마한다. 너는 나 뽑을 거지?"

친구가 말했다.

"학생회장? 네가? 에이 뻥 치지 마."

다른 친구들에게도 자랑스레 알렸지만 모두 믿지 않았다. 장난이라 생각했던 모양이다. 내가 당당히 회장 선거 포스터에 서명하자 그제야 친구들이 믿기 시작했다.

"너 진짜 나가게? 놀랍다. 너 나가면 내가 뽑아줄게."


최종 학생회장 선거에 출마하는 후보자는 총 세 명이었다. 이란에서 한 명, 중국에서 한 명, 그리고 나였다. 후보자 명단을 보고는 조금 걱정이 됐다. 국제학교에서 회장 선거를 하면 대부분은 자기 나라 학생을 뽑아주는 것이 인지상정이다. 우리 학교에는 이란인이 가장 많고 중국인이 두 번째로 많았다. 한국인은 나 포함 6명이었다. 하지만 두 명은 나와 친하지 않았기에 나의 한국인 지지자는 3명뿐이었다. 불리한 선거였다. 가능성이 거의 없어 보였다. 하지만 한번 도전해보고 싶었다. 어떻게 하면 될지 고민했다. 먼저 나의 확실한 지지자들이 필요했다. 무엇보다 학교 학생들에게 '김범주'라는 존재를 알리는 것이 우선이었다.

나에겐 친한 중국 친구 네 명과 이란 친구 한 명이 있었다. 그 친구들에게 도움을 청했다. 중국 친구에게는 다른 중국 학생들에게, 이란 친구에게는 다른 이란 학생들에게 알려달라고 부탁했다. 지지자들을 확보해 나가는 일은 쉽지 않았다. 중국인 후보자는 학교의 많은 중국 학생들과 좋은 관계를 유지하고 있어, 그의 지지자들을 내 편으로 만드는 것은 쉬운 일이 아니었다.

그래서 생각해낸 대안이 베트남 학생들을 나의 편으로 만드는 일이었다. 베트남 학생 중, 나와 특히 친한 친구가 한 명 있었는데, 그 친구에게도 알려달라고 청했다. 중국 다음으로 학생 수가 많은 나라는 베트남이다. 베트남 학생들을 내 편으로 만든다면 충분히 해볼 만한 게임이라 생각했다. 그런데 중국인 후보자가 몇 명의 베트남 학생들과 관계를 맺기 시작했다는 소식을 들었다. 중국 후보자는 내가 몇 명의 중국 친구들과 친하다는 것을 알았기에 베트남 학생들까지 모으기 시작한 것이다.

선거 3일 전, 전교생 앞에서 학생회장 후보자들의 토론회가 주최되었다. 후보자 3명은 영어로 5분간 자신이 학생회장이 되어야 하는 이유를 설명하고, 학생들과 선생님으로부터의 질문에 답해야 했다. 친구들은 내가 연설과 답변을 제일 잘했다고 했다. 그리고 선거 날을 맞이했다. 만약 나와 중국 후보자가 다툰다면 이란 후보자가 승리할 확률이 높았다. 학교에서 이란 학생이 가장 많았기 때문이다.

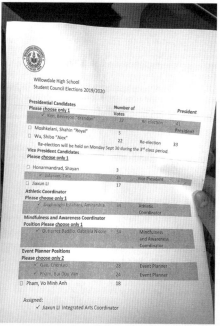

Willowdale High School
Student Council Elections 2019/2020

| Presidential Candidates Please choose only 1 | Number of Votes | | President |
|---|---|---|---|
| ✓ Kim, Beomjoo "Brandon" | 22 | Re-election | 41 |
| ☐ Moshkelani, Shahin "Royal" | 5 | | President |
| ☐ Wu, Shibo "Alex" | 22 | Re-election | 33 |
| Re-election will be held on Monday Sept 30 during the 3rd class period. | | | |

**Vice President Candidates**
**Please choose only 1**

| | | | |
|---|---|---|---|
| ☐ Honarmandrad, Shayan | 3 | | |
| ✓ Jafarian, Tina | 26 | Vice President | |
| ☐ Jiaxun Li | 17 | | |

**Athletic Coordinator**
**Please choose only 1**

| | | | |
|---|---|---|---|
| ✓ Daghooghi Esfahani, Amirarshia | 54 | Athletic Coordinator | |

**Mindfulness and Awareness Coordinator**
**Position Please choose only 1**

| | | | |
|---|---|---|---|
| ✓ Gutierrez Badillo, Gabriela Nicole | 34 | Mindfulness and Awareness Coordinator | |

**Event Planner Positions**
**Please choose only 2**

| | | | |
|---|---|---|---|
| ✓ Gao, Chentao | 28 | Event Planner | |
| ✓ Pham, Bui Duy Van | 24 | Event Planner | |
| ☐ Pham, Vo Minh Anh | 18 | | |

Assigned:
✓ Jiaxun LI  Integrated Arts Coordinator

왼쪽 _ 교내 임원진 회의
오른쪽 _ 학생회장 선거 결과(41:33)

4교시, 학생회장 투표가 진행되었다. 투표가 시작되기 전까지 학생들에게 열심히 나를 알렸고, 확실한 지지자들의 규합에 집중했다. 투표용지에서 내 이름을 선택한 후 종이를 투표함에 접어 넣었다. 투표가 종료되고 약 30분 만에 투표 결과가 나왔다. 그 긴장감으로 인해 수업에 온전히 집중할 수 없었다. 투표 결과를 전해 들은 후 깜짝 놀라고 말았다. 나와 중국 후보자가 동점이 나왔다는 것이다. 당연히 이란 후보자가 당선될 것이라 예상했다. 동점이 나올 것이라곤 전혀 생각지 못했다. 동점이 나와 재투표를 해야 하는 상황에 이르렀다. 학생들은 모두 의아해했다. 재투표로 인해 학교는 떠들썩했다. 그렇게 나와 중국인 후보자 간의 더욱 치열한 경쟁 구도가 만들어졌다.

이제는 일대일 싸움이었다. 친한 이란 친구를 통해 많은 이란 학생들의 지지를 받는 데 사력을 다했다. 현재 좋은 관계를 맺고 있는 중국 친구들과 베트남 친구들의 관계를 유지하고, 거기다 이란 학생들의 지지를 받는다면 이기는 게임이라 확신했다.

드디어 재투표 날. 투표가 진행되었고, 차분하게 진행 상황을 지켜보았다. 확신이 있었기 때문에 많이 긴장하진 않았다. 투표 종료 30분 후, 결과가 나왔다. 41대33, 나의 승리였다. 그동안 긴장하고 걱정했던 많은 부분들로부터 해방될 수 있었다. 많은 친구로부터 축하를 받았다. 뿌듯했다. 짜릿하고, 감사하고, 행복했다. 신기하기도 했다. 우리 학교에 한국 학생이 가장 적은데도 승리했기 때문이다.

중학교 2학년 때 책을 만나게 된 나는 늘 리더를 꿈꿔 왔다. 그러나 꿈만 있었지, 진짜로 할 수 있다는 자신감은 많이 부족했었다. 나는 이번 선거로 인해 리더가 되고자 하는 꿈과 열정을 다시 한 번 느꼈다. 또한 나의 능력을 믿게 되었다. 다른 후보자들보다 많이 불리한 위치에 있었지만 다양한 방법들을 고민했으며, 그것이 부도덕한 방법이 아니라면 무엇이든 시도했다.

중국 후보자는 중국 친구들에게 나를 찍으면 중국인이 아니라고 하면서 압력을 넣고 다녔다. 그 외에도 선거 과정에서 부도덕한 방법을 여러 가지 사용했다. 자세한 내용은 여기서 밝히진 않겠지만 그로 인해 피해를 보기도 했으며 굳이 밝히는 것은 승자답지 못하다는 생각에서다. 중요한 것은 내가 그것에 휘둘리지 않고 정당함을 지키려 노력했다는 사실이다.

불가능한 선거에서 당선될 수 있었던 비결은 솔직함과 진정성이 느껴지는 말, 책임감, 친구들의 전폭적인 도움 때문이었다. 내 능력이 부족하면 옆 사람의 도움을 받는 것도 중요하다. 확실한 내 편 몇 명만 있어도 큰 시너지 효과가 생긴다는 것을 알게 됐다. 그 밖에도 스피치 능력과 전달력이 당선에 큰 도움이 되었다. 실제로 전교생 앞에서 연설했을 때 많은 학생들로부터 지지를 받았다. 다른 후보자들보다 더 절실함이 있었고, 진실되게 말했다.

학생회장 선거로 인해 사회적인 부분들을 많이 배울 수 있었다. 나의 능력을 시험해보는 계기도 되었다. 당선되고 난 후 리더십의 방향을 잡기 위해 사마천의 《사기》를 자주 읽었다. 리더로서의 관리와 운영을 위해서였다. 사기에 있는 내용대로 실천해보니 모든 것이 긍정적인 시너지 효과를 일으켰다. 가령 누군가에게 좋지 않은 이야기를 해야 할 때, 바로 잘못을 꼬집지 않고 친구의 좋은 점을 먼저 이야기하고 나서 부드러운 목소리로 차분히 권유하듯 말했다. 그렇게 하니 받아들이는 사람도 큰 거부감 없이 이해해주었다. 지금까지 책으로만 공부하던 리더십을 학생회장 선거에서 직접 실천해볼 수 있어 더 보람 있었다. 나 자신이 많이 성장했음을 직접 느낄 수 있는 살아 있는 경험이었다.

chapter 4

# 나를 키운
# 경험들

# 1

# 캄보디아에서 배운 세계
# 그리고 인생

나는 어려서부터 여행을 많이 다녔다. 책도 마찬가지지만, 여행이 없었다면 나의 짧은 인생에 대해 할 말이 없을 정도이다. 그만큼 여행은 많은 부분을 차지한다. 특히 해외여행이 주를 이룬다. 나의 첫 해외여행은 2010년 겨울, 초등학교 3학년 때 홍콩이었다. 가족 다섯 명이 모두 함께한, 의미 있는 여행이었다. 여행 가기 일주일 전부터 나와 누나들은 모두 들떠 있었다. 어릴 때 제주행 비행기를 타본 기억은 있었으나 해외로 나가는 것은 처음이었다.

여행 가기 3일 전부터 난 잠을 제대로 이룰 수 없었다. 너무 설레었던 것일까? 시간은 너무 천천히 흘렀다. 여행 가기 하루 전에는, 정말로 잠을 잘 수 없었다. 생애 처음으로 새벽 2시까지 잠을 못 이루다 너무 피곤한 나머지 나도 모르게 잠든 기억도 있다. 홍콩 공항에 도착해 비행기에서 내렸을 때가 아직도 기억에 생생하다. 비행기에서 내려 공항 게이트에 첫발을 내딛는 순간, 엄마에게 말했다.

"엄마! 여기 외국이야!"

5일 동안의 여행은 정말 꿈만 같았다. 보는 것마다 신기하고 새로웠다. 홍콩이란 도시는 무척 깨끗해 마치 영국을 연상시켰다. 외국이라는 것을 실감할 수 있었다. 중국 음식도 처음 먹어 보았다. 어떤 사람들은 강한 향신료로 인해 잘 먹지 못한다는데, 나는 생애 첫 중국 음식도 거뜬히 잘 먹었다. 부모님도 그런 내 모습에 놀라워했다. 누나들은 중국 음식을 잘 먹지 못해 고생이었다. 낯선 음식까지 맛있게 먹은 나의 첫 홍콩 여행은 해외여행에 대한 자신감이 충만했다. 나의 첫 해외여행은 대성공이었다.

가족들과 함께 홍콩을 무사히 다녀온 뒤, 아버지와 둘만의 해외 여행을 떠나게 되었다. 초등학교 4학년 10월, 한창 학교에서 학예회를 준비할 때였다. 아버지가 여행을 가자고 하셨다. 홍콩에서의 좋은 기억 덕분에 무조건 좋다고 했다. 그런데 여행 날짜를 보니 세상에, 학예회 날짜와 겹쳤다. 친구들과 춤을 추기로 계획했었는데, 여행을 가려면 학예회를 포기해야만 했다. 고민했지만 결국 여행을 선택했다.

부자지간에 떠난 여행의 첫 번째 나라는 캄보디아였다. 아버지는 캄보디아의 유명한 유적지를 보여주고 싶다고 하셨다. 캄보디아의 대표적인 유적지 '앙코르와트' 말이다. 4박 5일의 짧은 여행이었다. 캄보디아에 도착하자, 후끈한 열기가 우리를 덮쳤다. 날씨는 생각했던 것보다 더 더웠고 습기도 대단했다. 버스를 타고 호텔로 이동하던 중 가이드가 말했다.

"캄보디아 호텔 방에는 도마뱀이 있습니다. 천장에 붙어 있다가 잘 때 얼굴 위로 떨어진다면 내일 당장 복권을 사러 가세요. 1등 당첨될 기운입니다."

당시 그 말을 듣고 너무 충격을 받은 나머지 호텔 로비에 들어가지도 못했다. 공포에 휩쓸려 호텔 방에 들어가는 것도 무서웠다. 방에 들어가자마자 도마뱀이 있는지부터 둘러보았다. 10분 정도 수색한 결과 다행히 우리 방에는 도마뱀이 보이지 않았다.

다음 날 저녁 시간을 맞아 식당으로 향했다. 거기서 난 아주 깜짝 놀라고 말았다. 식당 벽 한쪽에 도마뱀 무리가 가득 있었는데, 살면서 보지 못한, 또 앞으로도 보지 못할 엄청난 크기의 도마뱀이 벽에 붙어 있었다. 기겁했다. 아빠 옆에 딱 붙어 식당 안으로 빨리 들어갔다. 식당에 들어가 자리를 배정받았는데 야외 정자 같은 곳이었다. 우리나라 정자와 비슷한 형식이었고, 모서리에 있는 기둥들은 모두 나무였다. 바닥에는 큰 상이 놓여 있었다. 그곳에 밥과 반찬들을 놓고 식사하던 중 옆에 있는 나무 기둥을 문득 보았는데 작은 도마뱀 한 마리가 붙어 있었다. 도마뱀을 본 순간 내 몸은 얼어붙었고, 더는 밥을 먹지 못했다. 사람들이 빨리 식사를 마치고 나가기만 바랐다.

캄보디아 여행의 하이라이트는 역시 '앙코르와트'였다. 그 크기부터 실로 어마어마했다. 당시 기술로 불가사의한 건물들을 지었다는 것이 믿기지 않았다. 정말 아시아의 대표 유적지다웠다. 앙코르와트를 제대로 보려면 며칠이 걸린다고 한다. 하지만 다른 일정들이 많아 속성으로 둘러보았다. 점심 식사 후 4시간 정도 둘러보았는데 심한 무더위로 인해 마치 8시간처럼 느껴졌다. 땀을 비 오듯 흘렸지만 어린 나이에 세계적인 유적지에 왔다는 기분에 이겨낼 수 있었다. 한국이 아닌 세계를 바라본 의미 있는 시간이었다.

앙코르와트 투어가 모두 마무리될 무렵, 가이드는 자신이 잘 아는 마을을 소개하겠다며 우리 일행을 그곳으로 안내했다. 마을에 도착하니 분위기가 조금 달랐다. 바닥은 모두 흙바닥이었고, 집들은 거의 쓰러질 것만 같았다. 개울가 근처의 양철로 덮은 집인데 집이라 할 수 없을 정도로 열악한 환경이었다. 마을에는 아이들이 많았는데 모두 신발을 신지 않은 채 흙바닥에서 뛰어놀고 있었다. 남자아이들은 대부분 반바지만 입은 채 위에는 아무런 옷도 걸치지 않고 있었다. 어떤 어린아이는 맨몸으로 뛰어놀고 있었다. 불우하게 사는 동네였다. 태어나서 한 번도 본 적이 없는 정말로 가난하게 사는 마을이었다. 큰 충격을 받았다. 캄보디아에 불우한 환경의 아이들이 많을 것이라 예상은 했었지만 내가 생각했던 환경보다 훨씬 심했다.

이윽고 가이드가 아이들을 모두 불러모았다. 가이드는 미리 준비한 공책과 연필들을 현지 친구들에게 나누어주는 시간을 가진다고 했다. 나를 포함한 다섯 명의 아이들이 한 줄로 줄을 서서 그 친구들에게 공책과 연필을 나누어주었다. 캄보디아 친구들은 차례대로 우리가 준비한 공책과 연필을 모두 받아갔다. 그 경험은 아직도 잊을 수 없는 기억 속에 있다.

나는 너무나도 편안한 삶을 살고 있다는 것을 깨달았다. 여행하지 않았다면 몰랐을 것이다. 내가 보는 세상만이 전부라 생각했을 것이다. 당시 열한 살의 나에겐 그런 세상이 존재한다는 것이 이해가 되지 않았다. 직접 보지 않았다면 말해도 믿지 못했을 것이다. 캄보디아에서 본 풍경은 나의 세계관과 시야를 넓혀준 계기가 되었다. 몇 년이 지났지만 지금도 기억 속에 생생하다. 캄보디아 여행은 어린 시절의 내게 다양한 시각과 마인드를 경험하게 해준 인생 여행이었다.

위 _ 캄보디아 아이들의 모습
아래 _ 아이들에게 공책과 연필을 나누어주는 모습

# 2

# 그랜드캐니언의 고산병을 통해 얻은 깨달음

초등학교 6학년, 열세 살 되던 해 가을, 나와 아버지는 둘만의 여행을 다시 떠나게 되었다. 캄보디아를 갔다 온 이후 두 번째 부자간의 여행이었다. 이번 여행지는 미국이었다. 미국으로 결정하게 된 이유는 간단했다.

"이번에는 어디 가고 싶어?"

아버지의 물음에 나는 대담하고 솔직하게 대답했다.

"미국 가고 싶어!"

그래서 미국으로 가게 되었다.

미국은 TV에서만 본 희망의 나라였다. 실제로 가게 될 줄은 정말 몰랐다. 초등 저학년 때부터 미국에서 공부하고 싶다는 꿈은 항상 가지고 있었다. 미국이란 나라에 대한 궁금증도 많았고 환상도 컸다. 미국 여행은, 그 꿈을 더욱 크게 번지게 해준, 타오르는 불 속에 끼얹은 기름과 같은 여행이었다. 여행 전부터 설레지 않을 수 없었다. 미국이란 나라 자체가 나의 의지를 불태워주기에 충분했다.

기대하고 고대한 출발일이 왔다. 매년 해외여행을 하다 보니 이제는 모든 여정이 자연스러웠다. 약 12시간의 비행 끝에 로스앤젤레스 공항에 도착했다. 10월 초, 가을이었다. 미 서부의 온도는 아침·저녁으로는 시원했으며, 낮에는 따뜻했다. 여행하기에 봄, 가을만큼 좋은 계절은 없다. 아직도 그때의 황금 날씨가 기억난다. 좋은 날씨와 함께 미국 서부 투어가 시작되었다.

로스앤젤레스에서는 할리우드 명예의 거리와 비버리 힐스를 기준으로 간단하게 투어가 진행되었다. 로스앤젤레스를 지나 와이오밍, 몬태나, 아이다호주에 걸쳐 있는 엄청난 크기의 옐로스톤 국립공원을 둘러보았다. 그 후 네바다주에 있는 라스베이거스로 향했다. 미국 서부 투어를 위해 제공된 버스는 수준이 남달랐다. 버스 안의 좌석마다 휴대폰 충전이 가능한 콘센트가 있었다. 이런 버스는 처음 보았다. '역시 미국은 다르구나' 하고 생각했다.

미국 투어는 버스를 타는 시간이 유럽보다 훨씬 길었다. 주에서 주를 옮겨 다니는 것이 일상이다 보니 하루 4~6시간 정도는 기본이었다. 서울과 부산을 왕복하는 거리를 이동한 적도 있었다. 유럽 여행을 통해 버스 타는 것은 단련이 되어 다행히 버스를 오래 타도 힘들지는 않았다. 옐로스톤 국립공원을 떠나 약 7시간을 달려 라스베이거스에 도착했다. 라스베이거스는 기대했던 것보다 훨씬 크고 아름다운 도시였다. 도시 전체를 이루는 각각의 장소에 다양한 건축물들이 자리를 빛내고 있었다. 밤에 버스를 타고 이동하면 가는 곳마다 아름답게 빛나는 건축물들이 우리를 반겼다. 잠들지 않는 도시라는 말이 실감 났다.

라스베이거스 다음 여행지는 바로 그랜드캐니언이었다. 그랜드 캐니언은 나에게 잊을 수 없는 기억을 남겨준 곳이다. 우리 일행은 그랜드캐니언으로 가기 위해 또 한 번의 긴 시간 동안 비스를 타야 했다. 그랜드캐니언은 해발 2,133m의 높이를 자랑하는, 지구에서 가장 거대한 협곡이다. 숙소에서 출발해 그랜드캐니언 정상까지 가려면 오랜 시간이 걸린다. 어느덧 그랜드캐니언 부근에 도착한 버스는 서서히 오르막길을 오르고 있었다. 오르막길을 올라가고 있는 중에도 조금씩 그랜드캐니언이 보일 정도로 그 크기는 상상 이상으로 장엄했다.

버스 창문을 통해 주위를 둘러보며 정상을 향해 올라가는데 나의 몸이 조금씩 이상 반응을 보였다. 머리가 아프기 시작했고, 배 아픔과 함께 속이 울렁거려 토할 것 같았다. 지금까지 여행하면서 아팠던 적이 단 한 번도 없었다. 그런데 그랜드캐니언을 향해 올라가던 중 몸이 아프기 시작한 것이다. 시간이 지나면 괜찮아질 것 같아 아빠에게는 말을 하지 않았다. 하지만 메스꺼움은 심해져만 갔고 정상에 도착했을 때는 견디기 힘들 정도로 속이 울렁거렸다.

그랜드캐니언의 아름다운 풍경을 눈에 담아야 했기에 불편한 몸을 이끌고 억지로 난간에 붙어 감상했다. 아픈 와중에도 풍광은 역시나 말로 표현하기 힘들 정도로 멋졌다. 아름다움을 넘어 장엄했다. 저 멀리 눈에 보이지 않는 곳까지 협곡이 이어져 있었는데, 그 모습은 가히 장관이었다. 신의 선물 같았다. 자연의 위대함이 고스란히 느껴졌다. 순간 내 자신이 초라하게 느껴졌다. 이렇게 아름다운 광경을 즐기지 못하다니. 너무 답답한 나머지 아빠에게 말했다. 아버지는 아침에 먹은 밥이 소화가 잘 안 돼 그런 것 같다고 하셨다. 아버지는 그 순간부터 안절부절못하셨다. 대충 사진을 찍은 뒤 근처 카페를 찾아 들어가 앉았다.

문제가 하나 있었다. 우리는 경비행기를 타고 그랜드캐니언을 상공에서 둘러보는 선택관광을 1인당 170불에 예약해놓은 것이다. 속이 너무 안 좋아 아빠만 경비행기를 탈지 잠시 고민했다. 그래도 여기까지 와서 안 탈 수가 없어 결국 타기로 했다. 보호 장비와 함께 경비행기에 올랐다. 8명을 태운 작은 경비행기는 그랜드캐니언의 거대한 협곡 사이로 날아올랐다.

그 순간 경비행기 탄 것을 후회했다. 비행기의 기름 냄새도 역했고, 바람이 불면 비행기가 무척 심하게 흔들렸기 때문이다. 비행기를 타는 내내 토할 것 같아 비닐봉지를 입에 대고 있었다. 사람들이 멋진 풍경을 즐길 때 나와 아버지는 전전긍긍했다. 빨리 내리기만 학수고대했다. 너무 아쉬웠다. 평소 같았으면 흔들리는 비행기를 즐기며 오로지 그랜드캐니언의 장관에만 빠졌을 텐데……. 약 40분 동안의 짧고도 긴 비행이 끝나자마자 허겁지겁 내리기 바빴다. 다행히 토하지는 않고 잘 버텼다.

일정이 모두 끝나고 그랜드캐니언으로부터 내려오는 버스 안에서 가이드가 입을 열었다.

"제가 여러분께 말하지 않은 사실이 하나 있습니다. 해발 2,000m가 넘는 곳에 올라오면 대부분 고산병 증세를 느낍니다. 고산병이란, 머리가 아프고 속이 울렁거리며 어지러움을 느끼는 병이에요. 제가 여러분들에게 올라올 때 미리 말씀을 드리지 않은 이유는, 고산병 증세가 있다는 것을 알게 되면 여기 계신 분들이 모두 고산병을 앓게 되기 때문이에요. 모르면 그냥 지나갈 수 있습니다. 고산병을 느끼지 못합니다. 몇몇 분들은 정상에서 아프신 것 같아 걱정을 많이 했어요. 이제 내려가시면 다시 괜찮아지실 겁니다."

그제야 고산병을 앓았다는 것을 알게 되었다. 가이드의 이야기에서 중요한 깨달음을 얻을 수 있었다. 사람이 아플 때 아프더라도 아플 것을 미리 걱정하지 않는다면 안 아플 확률이 크다는 것이다. 이러한 이치는 리더라면 꼭 알아야겠다는 생각이 들었다. 단체를 이끌 때 앞으로 닥쳐올 미래의 위험성에 대해 말하지 않고 긍정적인 말과 함께 용기를 북돋아주는 것이 고난과 어려움을 보다 쉽게 극복하는 방법이다. 그랜드캐니언은 고산병을 통해 내게 큰 깨달음과 깨우침을 주었다. 비록 몸은 불편하고 힘들었지만 귀중한 삶의 지혜를 얻어 기쁜 마음으로 내려왔다.


우리는 우여곡절 끝에 5일간의 서부 지역 투어를 모두 마치고 동

뉴욕 타임스퀘어 앞에서

맨해튼의 밤 분위기를 즐기고 싶은 분들은
뉴저지에서 맨해튼을 바라보는 야경을 추천한다.
아버지와 나는 약 30분간 함께 그 경치를 구경했다.
멋지고 아름다웠다. 뉴욕 여행의 백미 같았다.
그 야경은 잊지 못할, 내 인생 최고의 밤 풍경이었다.

뉴욕 엠파이어스테이트 빌딩 위에서 찍은 전경

맨해튼은 길거리가 마치 바둑판과 비슷하다.
가로 세로 모두 일정한 비율로 길이 나 있어
번지수를 알고 있으면 길을 찾기 편하다.
아버지와 나는 센트럴파크가 있는 64번가부터 쭉 걷기 시작했다.
잊을 수 없는 여행이었다.

부 지역 투어를 위해 뉴욕으로 향했다. 로스앤젤레스에서 뉴욕까지는 약 4시간 정도 소요되었다. 한 나라 안에서 비행기로만 4시간을 타다니. 우리나라에서 태국까지 가는 거리와 비슷했다. 4시간의 비행 끝에 우리 일행은 뉴욕 공항에 도착했다. 꿈에 그리던 뉴욕이었다. 짐을 찾고 나와 현지 인솔자를 만나 5명이 탈 수 있는 작은 밴을 타고 이동했다. 첫날은 다른 일행을 만날 필요 없이 우리 일행끼리만 시간을 보내면 되었기에 무척 자유로웠다.

동부로 넘어온 첫날 우리 일행은 뉴욕에서 중요한 명소들을 대부분 보았다. 맨해튼의 록펠러센터와 센트럴파크를 다녀온 다음 오후 5시쯤 타임스퀘어에서 자유 시간을 보냈다. 8시까지 다시 모이기로 했는데 아버지가 자유 시간을 더 즐기고 싶어 하셨다. 가이드에게 따로 택시를 타고 호텔까지 알아서 가겠다고 말한 뒤 11시까지 맨해튼의 중심지에서 시간을 보냈다.

뉴욕 맨해튼의 밤은 과연 세계 최고였다. 대표적인 중심지 타임스퀘어는 사람이 넘쳤으며 네온사인이 밤새도록 번쩍거렸다. 5일 동안의 동부 투어를 마치고 뉴욕으로 다시 돌아왔다. 미국 여행 마지막 날, 우리는 뉴욕 센트럴파크가 있는 64번가부터 쭉 걷기 시작했다. 미국 여행을 오기 전, 아버지는 맨해튼의 지리 공부를 열심히 하셨다. 그 덕분에 아버지를 따라다니기만 해도 엄청난 여행이자 공부가 되었다.

맨해튼은 길거리가 마치 바둑판과 비슷하다. 가로 세로 모두 일정한 비율로 길이 나 있어 번지수를 알고 있으면 길을 찾기 편하다.

우리는 센트럴파크의 64번가부터 걷기 시작해 한인식당들이 모여 있는 32번가까지 걸었다. 걷는 데 1시간 정도 걸렸다. 64번가부터 쭉 직진으로 걷기만 하면 32번가가 나왔기 때문에 길을 찾기는 쉬웠다. 도로 블록 하나를 건널 때마다 63번가, 62번가, 61번가 순으로 나왔기 때문이다. 다른 길 쪽으로 들어서지 않고, 한 길로만 쭉 걷는데도 볼거리와 대형 가게들이 참 많았다. 맨해튼의 도시 전체가 마치 서울의 번화가인 강남역과 비슷했다. 대형 백화점이나 옷 가게에 들러 쇼핑도 많이 했다. 옷 가격이 한국보다 저렴했다. 우리는 각자 자신에게 필요한 옷을 쇼핑하느라 빠르게 움직였다. 뉴욕은 저렴하면서도 값싼 옷들이 많았다. 30분이 지나니 우리 양손에는 쇼핑백들로 가득했다.

32번가의 한인 타운에서 맛있는 LA갈비와 냉면, 얼큰한 육개장을 먹고 타임스퀘어로 향했다. 타임스퀘어를 둘러싼 모든 빌딩의 전광판에서는 상품과 공연을 광고하고 있었는데, 다채로운 색깔들의 빛이 공존하고 있었다. 분위기 자체만으로 살아 있음과 열정을 느꼈다. 나중에 친구들과 이곳에 함께 와 그 분위기와 열정을 다시 느끼고 싶다는 생각이 들었다. 가을이었는데도 타임스퀘어는 여름처럼 활기찬 분위기였다.

타임스퀘어의 생동감을 만끽한 후 호텔로 돌아가기 위해 한인택시를 잡았다. 우리가 묵을 호텔은 뉴욕 맨해튼이 아닌, 다리 하나만 건너면 되는 뉴저지에 있었다. 맨해튼에서 뉴저지로 넘어가기 위해선 다리를 건너야 했다. 그때 아버지는 택시 기사에게 제안을 했다.

비용을 더 줄 테니 뉴저지에서 맨해튼 시내 야경을 볼 수 있는 곳으로 가자고 했다. 택시 기사는 마치 준비됐다는 듯이 야경이 멋진 곳이 있다며 우리를 그곳으로 안내했다.

기사가 안내한 장소는 맨해튼의 야경이 한 폭의 그림처럼 펼쳐졌다. 황홀한 장관이었다. 반짝거리며 빛나는 건물들의 불빛이 정말 아름다웠다. 대형 빌딩들 앞에는 우리나라 한강과 같은 크기의 넓은 강이 있었다. 강 건너 빌딩들이 수놓은 야경은 아직도 잊을 수가 없다. 맨해튼의 밤 분위기를 즐기고 싶은 분들은 뉴저지에서 맨해튼을 바라보는 야경을 추천한다. 아버지와 나는 약 30분간 함께 그 경치를 구경했다. 멋지고 아름다웠다. 뉴욕 여행의 백미 같았다. 그 야경은 잊지 못할, 내 인생 최고의 밤 풍경이었다.

# 3

# 행복한 나와
# 보스니아의 어린 집시

중학교 1학년 겨울방학, 나와 아버지는 또다시 짐을 쌌다. 동유럽 여행길에 올랐다. 사실 동유럽에 대해서는 체코, 헝가리, 보스니아와 같은 나라들이 있다는 것 외에 거의 아는 것이 없었다. 그래서 미국 여행보다는 확실히 흥미가 덜했지만, 그래도 유럽이라 싫지는 않았다. 이번엔 KTX 고속 열차를 타고 인천공항으로 향했다. 인천공항에 몇 번 가다 보니 처음에 느꼈던 감흥은 많이 약해져 있었다. 인천공항을 보면서 깨달았다. 인간의 생각이나 느낌은 계속해서 변한다는 것을. 처음 가졌던 감정이나 느낌을 지속해서 유지하기란 쉽지 않다는 것을. 이런 것들이 꼭 나쁜 것만은 아닌, 자연스러운 인간의 본성 가운데 한 부분이라고 생각했다.

동유럽 여행에서 인상 깊었던 나라는 크로아티아, 헝가리, 보스니아였다. 크로아티아는 대표적인 도시 두브로브니크와 플리트비체 국립공원으로 유명하다. 플리트비체에 갔을 때 눈이 정말 많이 내렸다. 걸으면 발이 푹푹 빠질 정도였다. 플리트비체 공원에는 큰 폭포들이 여러 개 있었다. 많은 눈에 길들이 미끄러워 조금 위험했지만, 에메랄드빛 호수와 시원하게 내리는 폭포수가 정말 일품이었다. 어느 장소에서 찍든 사진이 예쁘게 나왔다. 아직도 호수의 빛깔이 기억날 정도로 아름답고 강렬했다.

플리트비체 국립공원을 관람한 후, 크로아티아의 대표적인 관광도시 두브로브니크로 향했다. 인터넷 포털사이트 '네이버'에 '두브로브니크'를 치면 지식백과에 이런 말이 나온다.

– 이런 상상을 한다. 바다 위에 성이 떠 있고, 그 성벽 위를 걷는 상상 말이다. 크로아티아 두브로브니크에 가면 꿈은 곧 현실이 된다.

정말 아름다운 말이다. 그리고 이 말은 사실이다. 두브로브니크는 성벽으로 둘러싸여 있는데, 성벽을 걷다 보면 아름다운 지중해를 바라볼 수 있다. 성벽과 함께 끝이 보이지 않는 지중해를 바라보며 걷는 상상을 해보자. 석양까지 지고 있다는 그림을 그리면서. 그 상상은 세상 어디에서도 찾아볼 수 없는 가장 멋지고 황홀한 분위기를 당신에게 선물할 것이다. 미국의 높은 초고층 빌딩들의 분위기와 역사와 전통이 깊은 유럽의 분위기는 너무나 다른 느낌이다. 그 분위기를 느끼기 위해 다시 동유럽을 찾고 싶다.

두브로브니크를 제대로 보기 위해 차를 타고 굽이굽이 돌아 정상 가장 높은 언덕으로 향했다. 언덕에는 여행자들로 북적였다. 여행객들이 이곳을 왜 찾는지 그 이유를 단번에 알 수 있었다. 지중해 바다와 함께 성벽으로 둘러싸여 있는 도시 두브로브니크는 한 달 동안 살아보고 싶다는 생각이 들게 했다. 두브로브니크에 관심이 있으신 분들은 TV 프로그램 〈꽃보다 누나〉에서 촬영한 방송을 추천한다. 아버지도 이 방송을 본 후 크로아티아에 가고 싶다는 생각을 했다고 한다. 정상에서 바라본 두브로브니크는 나의 미래를 그려 보게 만들었다. 나는 미래의 아내와 아이들을 데리고 이곳에 꼭 다시 와야겠다는 생각을 했다.

아름다운 도시를 뒤로하고 다음으로 향한 곳은 헝가리였다. 사실 헝가리는 정말로 기대를 안 한 곳이었다. 평소 헝가리에 대해 아는 것이 하나도 없었다. 살면서 헝가리와 관련된 것을 한 번도 들어본 적이 없어 자연히 관심 밖이었다. 하지만 동유럽 여행이 끝나고 가장 인상 깊었던 나라를 꼽는다면, 헝가리가 포함된다. 우리 버스는 헝가리의 수도인 부다페스트에 들어섰다. 전혀 기대하지 않았던 부다페스트는 예상과는 전혀 다르게 중후하고 고전적인 느낌이었다. 도시 분위기가 운치 있었다. 오래된 느낌의 건물들은 그 자체가 신선하면서도 놀라웠다.

도시 부다페스트에는 큰 강이 하나 있다. 도나우강이라 불리는 이 강은 밤이 되면 유람선에서 도시 야경을 보려는 사람들로 북적인다. 부다페스트의 야경이 유명하기 때문이다. 저녁 식사 후 유람선을 타기 위해 선착장으로 갔다. 티켓을 받고 배에 올랐다. 유람선은 약 한 시간 정도 강을 따라 운항했다. 배가 움직이기 시작했고 시청과 도심의 건물들이 보였다. 정말 깜짝 놀랐다. 밤이 되어 황금빛으로 변한 도시의 건물들이 너무나 아름다웠다. 홍콩의 야경과는 대조적이었다. 홍콩에서는 다양한 빛깔의 야경을 구경할 수 있다. 그 빛이 너무나 화려하고 현란해 사람들에게 눈의 즐거움을 주지만, 부다페스트의 야경은 달랐다. 불빛에서 뿜어져 나오는 고혹적인 느낌을 주었다. 한층 어두워지자 도시 전체가 황금빛으로 물들었는데, 그 어느 도시의 야경보다 큰 감동과 울림을 주었다. 우수에 젖은 애잔한 느낌이랄까. 단순히 눈만 행복해지는 것이 아니라 마음속까지 행복해졌다.

부다페스트의 야경은 감성적이었다. 왜 유럽의 3대 야경으로 불리는지 이해할 수 있었다. 어둠과 어우러지는 황금색의 빛을, 그 빛을 품은 도나우강의 야경을 아직도 잊지 못한다. 헝가리의 시청 건물이 황금색으로 물든 모습은 단연 최고였다. 헝가리에 가게 된다면 꼭 부다페스트의 유람선을 타보길 권한다. 나는 홍콩의 야경, 중국 상해의 야경, 미국 라스베이거스의 야경, 뉴욕 맨해튼의 야경, 프랑스 파리의 야경 등 세계적으로 유명한 많은 도시의 밤 풍경을 체험했다. 그중 부다페스트의 야경이 단연 최고다. 도시마다 풍기는 분위기가 제각각 달라 그 순위를 평가하긴 어렵지만, 부다페스트의 야경은 다른 어떤 도시의 그것보다 울림이 있다.

부다페스트에서의 좋은 추억과 함께 우리 일행은 보스니아 헤르 체고비나에 있는 도시 모스타르로 이동했다. 보스니아는 전쟁의 아 픔을 실제 체험해볼 수 있는 나라다. 1990년대에 일어난 보스니아 내전으로 인해 파괴된 건물들을 두 눈으로 생생하게 볼 수 있다. 다 니는 길목마다 전봇대에는 죽은 아이들과 실종된 아이들의 얼굴 사 진 및 신상정보가 적혀 있는 종이가 붙어 있었다. 그 모습은 참담했 다. 나는 태어나 처음으로 실제 전쟁을 통한 폐허를 볼 수 있었다. 아이들의 소식이 담긴 전단지를 볼 때마다 가슴이 아팠다. 도시 전 체의 분위기가 검은 구름이 잔뜩 낀 하늘처럼 암울했다. 보스니아 를 여행하는 동안 크게 웃지 못했다. 폐허가 되어버린 건물들과 죽 은 아이들의 소식은 가히 충격적이었다.

모스타르에는 아름다운 다리가 하나 있다. '스타리 모스트'라 불 리는 이 다리는 세상에서 가장 아름다운 다리 중 하나로 꼽힌다. 다 리 밑에는 강이 유유히 흐르는데, 물빛은 살짝 에메랄드빛이 섞인 푸른색이었다. 다리에서 잠시 자유 시간을 보내고 보스니아를 떠나 기 위해 다시 버스에 올랐다.

이동하던 중 신호에 걸려 버스가 잠시 멈추었다. 작고도 거대한 무언가가 눈에 들어왔다. 어린아이 다섯 명이었다. 가장 어린아이는 네 살 정도로 보였다. 그중 나이가 가장 많아 보이는 아이는 일곱 살 정도였다. 그 아이들은 모두 해어진 옷을 입고 있었다. 신발은 신 지 않은 채, 모두 작은 가방을 하나씩 들고 서 있었다. 그 아이들이 서 있던 곳은 도로의 중간에 길을 분리하기 위해 만들어놓은 중앙

올쮸님

-체험보고서에 쓴 체험후 느낀점-

옛날 고전의 분위기인 발칸 8개국을
갔다와서 진정한 유럽의 모습을 보게
되었고,서양의 문화를 받아들이는 계기가
되어 몸은 힘들었지만 눈과 마음으로는
잊지 못할 것을 느끼고,보고 가게
된다.크로아티아의 라스토케,플리트비체를
갔다오며,자연의 신비함과 아름다움을
맛보게 되었고,전쟁의 참상을 보며 예전,
유럽의 아픈역사를 되돌아 볼 수 있는
기회가 되었고,보스니아의 어린집시들을
보며 나는 행복하게 살고 있구나라는
생각을 하게되었고 유니세프로 인해 매달
3만원씩 나가는 돈이 아깝지 않다는 생각을
확신하게 되었습니다.이런 아이들을 보며
마음이 아팠고,세계의 평화를 이끄는
UN사무총장이 되어야 겠다고 꿈을
확신하게 되었습니다.이번 여행을 통해 또
하나의 아버지와의 추억을 만들고,꿈을
찾게 되는 계기가 된,인상적인
여행이었다.지금 내 꿈의 위치는
매우높지만,정상을 향해 하루하루
뛰어가는 '나'가 되길 기원한다.

01:10

동부 유럽을 다녀온 후 느낀점

분리대였다. 차들은 양쪽 길에서 서로를 마주 보며 달렸다. 아이들에겐 굉장히 위험한 장소였다. 아마 정지 신호로 바뀌어 차들이 멈추게 되면 창문을 통해 돈을 달라고 할 모양이었다. 창밖으로 그 아이들을 유심히 보았다. 가이드가 이런 말을 했다.

"저런 아이들을 '집시'라 부릅니다. 보스니아에는 집시 아이들이 많습니다. 이 아이들은 어릴 때부터 부모님이 돈을 받아오라고 시킵니다. 대부분 집시였던 부모님들이 자신들의 아이들도 똑같이 집시로 만듭니다."

이 말을 듣고 큰 충격을 받았다. 어린아이들이 추운 날씨에 다 해어진 옷을 입고 나와 돈을 구걸하는 모습은 마치 거지의 행동과

유사했다. 차마 그냥 지나칠 수 없는 일이었지만 그들을 위해 해줄 수 있는 일이라곤 하나도 없었다. 그저 그런 아이들이 이 세상에 존재한다는 사실이 슬플 뿐이었다.

그 아이들의 표정에는 웃음기가 전혀 없었다. 어떤 마음인지 전혀 이해할 수 없는 그런 오묘한 표정만 얼굴에 가득했다. 그런 삶이 아이들에겐 자연스러운 일상일까? 아이들에게 감정이란 없는 걸까? 아이들을 본 후 마음이 매우 혼란스러웠다. 자연스레 이런 생각이 들었다.

'난 정말 편안하고 행복한 삶을 살고 있구나!'

아이들의 삶을 단정 지을 순 없지만 얼마나 슬프고 힘들까 싶었다. 아이들을 보고는 오후 내내 그 생각만 했다. 앞으로는 두꺼운 외투를 입고도 춥다고 투정 부리지 못할 것 같았다. 따뜻한 밥을 먹고도 맛이 없다며 수저를 놓을 수 없을 것 같았다. 집시 아이들과의 만남은 내 생활과 삶에 큰 영향을 준 특별한 순간이었다.

그때 다짐했다. 나중에 성공하면 세상에 존재하는 불우한 아이들을 위해 일하겠다고. 그때 생각했다. 세상은 함께 살아가는 곳이지 힘 있고 돈 있는 사람만 편하게 살아가는 공간은 아니라고. 무엇보다 감정이 드러나지 않는 아이들의 표정을 보기가 너무 힘들었다. 놀이터에서 만난 한국의 아이들처럼 신나게 웃거나 다퉈서 삐치거나 다쳐서 울거나 하는 표정이 집시 아이들에게는 전혀 없었다. 열네 살, 나는 내가 보고 알고 있는 세상만이 전부가 아님을 깊이 깨달을 수 있었다.

여행을 마치고 돌아온 나는 독서 모임에서, 주변 사람들과의 만남에서 보스니아 집시 아이들의 이야기를 자주 했다. 세상에는 그런 아이들이 많이 존재한다. 그런 아이들을 돕기 위해서 나는 성공하고 싶다. 그것이 성공의 이유다. 몇 년이 지난 현재까지도 보스니아 집시 아이들이 눈에 아른거린다. 내 가치관에 절대적인 영향을 미친 보스니아의 어린 집시들을 나는 결코 잊지 못할 것이다.

# 열정, 몸으로 느끼는
# 성공의 키워드

중학교 2학년 겨울방학, 2월 초에 아버지와 둘이 중국 상해로 캠프를 가게 되었다. 사전 계획된 여행이 아니라 갑작스럽게 가게 된 가족 캠프였다. 1학년 때 독서 모임에 나가게 된 결정적인 계기가 되었던 강의가 있었다. 태어나서 처음 접하는 강의였는데 바로 김형환 교수님의 강의였다. 김형환 교수님은 성인들의 자기 계발이나, 대학생, 청소년과 관련된 강의를 주로 했다. 대구 강연을 했을 때 아버지는 김형환 교수님과 인연을 맺게 되었다. 그 후 연락을 주고받으며 지내던 중 이번 프로젝트의 제의를 받았다.

프로젝트란 바로 초중고생을 대상으로 3박 4일 일정으로 부모와 함께하는 상해 여행이었다. 20여 명이 참여했는데, 학습 프로그램이었기에 부모님과 자녀가 함께했다. 김형환 교수님이 직접 참여해 프로그램을 이끌었다. 상해 투어 안내를 하며 시간 날 때마다 특강도 해주었다. 학생들은 교수님의 지도에 따라 직접 상해의 모습을 보고 느끼고 말했다. 그런 점에서 매우 유익한 학습 프로그램이었다.

출국 준비를 한 후 상해로 향하는 비행기에 올랐다. 상해까지는 약 2시간 소요된다. 유럽과 미국에 비하면 가까워 좋았다. 상해는 겨울에도 따뜻한 도시에 속하지만 바다가 있어 바람이 매우 차가웠다. 눈은 오지 않았지만 바람이 강해 유럽 못지않은 추위를 느꼈다. 상해에 도착하자마자 매서운 바람과 함께 투어가 시작되었다. 상해의 유명한 관광지보다는 학습이 될 만한 역사적인 장소에 많이 갔다. 상해 대한민국 임시정부, 상해 정안사, 상해 박물관 등에 갔던 기억이 난다.

가장 기억에 남고 의미가 있었던 곳은 상해 대한민국 임시정부였다. 임시정부는 평소에도 무척 가보고 싶었던 장소였다. 역사적인 명소를 실제로 보고 느낀 점들은 세계 어느 유명한 관광지에서 느낀 점보다 더 귀한 가치가 있었다. 나라 잃은 설움, 잃어버린 나라를 찾기 위해 자신의 목숨도 아끼지 않은 애국지사들의 나라사랑을 뼛속 깊이 느낄 수 있었다. 그들이 있었기에 지금의 대한민국, 우리가 존재한다는 사실을 새삼 깨달았다. 나는 국가와 국민을 위해 무엇을 할 것인가도 생각해보게 되었다. 그만큼 내겐 뜻깊은 시간이었다.

캠프 일정 중 회사의 대표에게 들은 특강도 기억에 남는다. 그분은 중국에서 사업을 하는 한국인 기업가였다. 한국에도 판매가 되는 음료를 만드는 회사였다. 대표님을 만나기 전부터 설레기 시작했다. 훌륭한 사업가가 되는 것이 꿈이었기에 사업에 관한 질문을 미리 생각해 두었다. 회사에 도착해 회의실로 들어갔다. 계란형의 둥그런 테이블과 의자가 있었다. 프로그램에 참여한 학생들은 둥그런 테이블에 앉았고, 부모님들은 테이블 뒤에 놓여 있는 의자에 나란히 앉았다.

특강이 시작할 때부터 끝날 때까지 1초도 대표님으로부터 시선을 뗄 수가 없었다. 실제로 성공한 기업가의 강의를 너무도 들어보고 싶었기 때문이다. 대표님은 중국의 현재와 미래, 성장 가능성, 중국에 대한 이미지와 과거 역사에 대해 약 1시간 동안 강의하셨다.

중국의 미래가치가 크다는 것은 어렴풋이 알고 있었지만 생각했던 것보다 더 어마어마하다는 사실을 깨달을 수 있었다. 상해 오기전에는 중국에 대한 안 좋은 시선을 가지고 있었다. 국가에 대한 호감도도 낮았었다. 대표님의 강의는 중국에 대한 호감도를 많이 높이는 계기가 되었다.

특강 후 학생들은 회의실에서 대표님과 질의응답 시간을 가졌다. 현직 CEO의 강의를 듣고 질문을 할 수 있어 유익한 시간이었다. 처음에는 학생들이 질문할까 말까 고민하는 듯 보였다. 잠깐의 침묵 끝에 몇 명의 학생들이 질문을 던졌다. 나도 그 모습에 힘입어 준비했던 질문을 했다.

"사업을 함에 있어 대표님이 가장 중요하게 생각하는 가치 3가지를 꼽는다면, 어떤 것입니까?"

이 질문을 던지자 김형환 교수님과 몇몇 부모님들이 "와아" 탄성을 터뜨렸다. 그 탄성 덕분에 아직도 그때 던졌던 질문이 기억이 난다. 대표님과의 만남은 내 안에 숨겨져 있던 사업가에 대한 열정을 끓게 해준, 실질적인 도움이 되었던 시간이었다.

어느덧 3박 4일의 마지막 날이 다가왔다. 마지막 날은 아직도 잊을 수 없는 고된 훈련프로그램이었다. 오전 10시부터 오후 5시까지 진행되었다. 그 프로그램은 김형환 교수님이 직접 짠 코스를 누구의 도움도 없이 팀원끼리 지하철이나 대중교통을 이용해 다니며 여러 장소에서 미션을 수행하는 방식이었다. 4명이 한 조가 되어 움직였고, 팀마다 현지인 가이드들이 말없이 동행했다. 혹시나 길을 잃을까 해서 현지인을 대동한 것 같다.

시작할 때는 무척 재미있으리라 생각했다. 하지만 그 생각은 오산이었다. 버스나 지하철을 타고 여러 장소를 옮겨야 했기에 쉴 틈이 없었다. 점심 식사도 일정이 타이트하게 짜여 있어 길거리에서 파는 음식으로 간단히 해결했다. 오전 10시부터 오후 5시까지 계속 걷기만 했다 해도 과언이 아닐 정도다. 4~5가지의 미션 완료 후 최종 집합 장소는 상해의 한 박물관이었다. 5시가 가까워지자 팀별로 속속 박물관에 도착했다. 학생들의 표정을 보니 모두 힘들어하는 모습이었다. 우리 팀도 모두 기진맥진이었다. 반면 교수님의 표정은 생기 있어 보였다. 교수님은 우리에게 웃으며 말씀하셨다.

"모두 안전하게 돌아오셨네요! 상해를 직접 걸으며 돌아보니 어때요? 의미가 있죠?"

의미는 있었지만 그렇게 힘든 미션은 난생처음이었다. 모두 슬픈 웃음을 지었던 기억이 난다. 저녁 식사 후 호텔로 향하던 버스 안에서 교수님이 말씀하셨다.

"제가 왜 여러분들에게 이렇게 힘든 미션을 드렸을까요? 사람은 신체적, 육체적으로 힘들어야 배우는 것과 얻는 것이 있기 때문입니다. 요즘 학생들을 보면 열정을 가진 친구들을 찾기가 어려워요. 열정이란 신체적으로 힘들어 봐야 비로소 느낄 수 있습니다. 살면서 한 번도 신체적으로 힘들어 본 적이 없었기에 열정이란 감정을 느껴보지 못한 거예요. 여러분들이 오늘 이 힘든 일정을 소화해낼 수 있었던 것은 바로 열정이 있었기 때문입니다. 저는 여러분들에게 열정이란 감정을 느끼게 해드리고 싶었습니다. 덧붙여 독립심과 자립심, 문제 해결력도 길러줄 수 있었죠."

그 말을 들으니 교수님이 왜 우리에게 이렇게나 힘든 일정을 주었는지 이해가 되었다. 사람은 신체적으로 힘들어봐야 숨어 있던 열정을 찾을 수 있다는 말에 공감할 수 있었다. 미션을 수행하는 동안 내 안에서도 열정이 끓었다. 다만 그 감정이 열정인지 그때는 몰랐었다.

3박 4일 상해 투어는 교수님의 가르침에 따라 신체적으로 매우

아빠와 함께 다녀온 상해 캠프 단체 사진

아빠와 아들의 상해 여행은 특별했다.

눈이 아닌 몸에 각인된 여행이었기에

여행 기간이 짧았음에도 불구하고
아직도 내 가슴속에 남아 있다.

힘들게 보낸 시간이었다. 말이 아닌 몸으로 배워 아직도 기억난다. 우리는 매일 저녁 식사 후 방에 모여 약 한 시간 동안 오늘 여행의 소감과 좋았던 점, 깨달은 점을 돌아가며 발표하는 시간을 가졌다. 하루의 피드백을 나누는 중요한 시간이었다. 내가 미처 보지 못한 부분, 느끼지 못한 부분을 다른 사람의 시선을 통해 공유하고 배울 수 있어 좋았다. 사람들 앞에서 공개적으로 이야기하는 경험을 통해 발표력도 키울 수 있었다. 무엇보다 좋았던 점은 버스 이동 중에 교수님이 직접 들려주신 다양한 에피소드와 인생에 도움이 되는 말씀들이었다.

3박 4일 아빠와 아들의 상해 여행은 특별했다. 눈이 아닌 몸에 각인된 여행이었기에 여행 기간이 짧았음에도 불구하고 아직도 내 가슴속에 남아 있다. 참고로 김형환 교수님의 가족 캠프 여행은 청소년들에게 매우 유익한 프로그램이다. 학창시절 부모와 자녀의 잊지 못할 소중한 추억을 만들 수 있는 특별한 시간이 될 것이다. 자녀가 있는 부모님들에게 강추한다.

# 5

# 엄청난 행복 공부

　18년간 인생을 살며 삶을 바꾼 세 가지를 꼽으라면 이렇게 말할 것이다. 첫 번째 독서, 두 번째 미국 유학, 세 번째는 바로 핵심 강사 과정이다.

　핵심 강사 과정이란, 10주에 걸쳐 자신감, 배려와 경청, 미소와 칭찬, 성공, 감사, 행복 등을 배우는 과정이다. 줄여서 '핵심'이라 불리며 김홍걸 교수님이 지도하고 있다. 강사가 아닌 일반인도 배울 수 있는 과정이다. 김홍걸 교수님은 《현재를 즐겨라》, 《홍걸 씨! 강의해주실래요?》, 《행복 완전 정복》, 《행복! 그게 도대체 뭔데?》라는 네 권의 도서를 출간한 저자이면서 기업과 단체를 대상으로 전국적으로 강의를 하는 명강사다. 2015년엔 의료 보험공단의 강의 평가에서 전무후무한 100점 만점을 받아 최우수 강사상을 받을 정도로 강의 분야에서는 탁월한 실력을 자랑한다.

　아버지가 내게 권할 만했다. 아버지는 대중 앞에서 말하는 법과 인생 최대의 화두인 행복이 무엇인지 일찍 알게 해주기 위해 이 과정을 추천하셨다. 아버지는 50세가 될 때까지 행복이 무엇인지 잘 모르고 살아오셨다고 한다. 행복이란 나이가 든다고 아는 것이 아니며 공부하고 배워야 한다는 말씀을 하셨다.

사실 핵심 강사 과정은 원래 학생은 수강이 안 된다. 그런데 아버지가 특별히 부탁해 배울 수 있었다. 나는 아버지의 제안을 받고 처음에는 굉장히 부담스러워 거절했다. 강의법을 배우고 강사를 양성하는 곳이라 생각했다. 더욱이 과정에 참여하는 분들이 대부분 삼사십대가 넘은 분들이라 선뜻 과정에 참여하기가 쉽지 않았다. 일반 독서 과정도 아닌 강의를 배우는 수업이라 생각해 도저히 못 가겠다며 말씀드렸다. 그러자 아버지가 이렇게 말씀하셨다.

"강의만 배우는 곳이 아니야. 강의법도 배우지만 인생을 행복하게 사는 법도 배울 수 있어. 넌 강의 안 해도 돼. 거기서 교수님 강의만 들어도 엄청난 행복 공부가 될 거야. 내가 왜 한 과정이 끝났는데도 계속해서 1년 넘게 그분의 수업을 듣겠니?"

이 말씀을 들으니 마음에 동요가 왔다. 강의를 안 해도 된다는 말에 부담이 줄어들었다. 생각해보니 아버지는 그 과정을 1년 넘게 계속하고 계셨다. 10주, 약 3달이 지나면 한 과정이 끝나는데 5번이나 같은 과정을 반복하고 계셨다. 나는 계속 그 과정을 하는 이유가 궁금해 아버지께 물었다.

"근데 왜 한 번 들었던 강의를 1년 동안 4~5번이나 계속 듣는 거예요? 돈도 많이 들지 않아요?"

핵심 강사 과정에서 강의하고 있는 모습

핵심 강사 과정에서는
누구나 지켜야 할 원칙이 하나 있었다.
많은 원칙 중 하나는 바로
**'남에게 칭찬하는 말만 하기'였다.**
절대로 누구를 가르치려 들거나 조언도 하면 안 된다.

누군가에게 행복에 관한 질문을 받는다면
**"행복은 주위에 널려 있다"라고 답할 것이다.**
행복이 무엇인지 배웠기에 가능한 일이었다.

"너도 내가 왜 같은 과정을 계속해서 듣는지 궁금하지? 먼저 이 과정은 말이 아닌 행동으로 배우는 과정이야. 누구나 말은 쉽게 하지만 몸으로 익히는 과정은 매우 어려워. 한 번에 되지도 않고. 직접 연습하는 과정이 필요해. 예를 들면 미소 연습을 할 때 처음에는 익숙지 않아 어색해. 몇 달 꾸준히 매일같이 노력해야 조금 나아질 수 있어. 이런 과정이야. 그러니 한 번 배운다고 되겠니?"

그러고 보니 아버지는 전과 비교해 많이 달라지셨다. 자주 미소 짓는 연습을 하셔서 그런지 이젠 제법 미소가 자연스러웠다. 이런 점 때문에 1년 넘게 배웠나 보다.

"그리고 매번 똑같은 내용을 가르치지 않아. 기수가 바뀔 때마다 주제는 같아도 다른 내용을 가르쳐주시지. 그러니 같은 과정을 반복해도 들어보지 못한 신선한 내용을 들을 수 있어. 게다가 교수님의 '행복' 강의는 수준이 매우 깊어. 여러 번 들어도 질리지 않을 만큼. 이번 주 일요일부터 핵심 과정이 시작해. 참여해봐. 도움이 많이 될 거야."

그제야 어느 정도 마음이 열렸다. 나는 고민 끝에 핵심 강사 과정에 참여하기로 했다.


수업은 매주 일요일, 오후 3시부터 6시까지였다. 과정을 하는 동안 우리는 서로에게 '강사님'이란 호칭을 썼다. 첫 수업 시간부터 흥미로웠다. 강의에서 가장 중요한 것 3가지, 관객의 호응을 얻는 법, 강의의 핵심 부분을 임팩트 있게 설명하는 법, 좋아하는 것과 사랑하는 것의 차이점, 부모가 자녀에게 해주어야 하는 기사도 정신, 싸(4)가지는 무엇인가 등 지금까지 전혀 들어보지도 못했던 내용들을 배웠다. 시간이 어떻게 지나갔는지 모를 정도로 수업은 재미있었고 웃음이 멈추질 않았다.

교수님의 수업 내용은 독특했다. 기존의 틀을 깨는 획기적인 내용이 많았다. 예를 들면, 기사도 정신이란 기다려주라, 사랑해주라, 도와주라는 의미다. 싸(4)가지는 '경배예감'이란다. 경배예감이 없으면 싸가지가 없다는 말을 듣는다고 하는데, 그 이야기를 듣고 보니 꼭 맞는 말씀이었다. 공감이 가면서도 이해하기 쉬운 표현들이라 귀에 쏙쏙 들어왔다. 이 밖에도 수업 내용을 다 밝힐 순 없지만 누가 들어도 특별하며 공감이 가는, 무시무시한 핵폭탄급 내용이 많았다. 수업을 들으며 왜 김홍걸 교수님이 대한민국 최고 강사로 불리는지 이해할 수 있었다.

일요일 수업 3시간은 매번 너무나 재미있게 지나갔다. 갈 때는 힘들어도 올 때는 만족스러웠고 뿌듯했다. 특히 행복에 관한 내용은 신선했으며 충격적이었다. 행복하기 위해서는 3감이 있어야 한다는 내용이었는데, 공감이 많이 갔다. 감○하라, 감○하라, 감○하라 해서 3감이라 한다. 그 밖에도 다른 요소들이 많았지만 공개하진 않겠다. 어디서도 들어보지 못한 특별한 행복에 관한 내용이었다. 자연을 보는 법, 내 마음을 행복하게 하는 법, 미소 짓는 법 등을 통해 마음의 안정과 행복이 무엇인지 알게 되었다. 죽을 때까지 모르고 지나칠 수 있는 행복을 어린 나이에 알게 되어 심적으로 안정되고 풍요로움을 느꼈다.

　핵심 강사 과정에서는 누구나 지켜야 할 원칙이 하나 있었다. 많은 원칙 중 하나는 바로 '남에게 칭찬하는 말만 하기'였다. 절대로 누구를 가르치려 들거나 조언도 하면 안 된다. 오직 칭찬만 가능했다. 약 6개월을 핵심 강사 과정과 함께하며 칭찬의 분위기를 통해 엄청난 자신감과 자존감을 가지게 되었다. 한 기수가 끝나고 재수강할 것이냐는 질문을 받았다. 당연히 재수강한다고 했다. 수업 내용이 좋고 재미있으며 실질적인 도움이 많이 돼 계속 배우고 싶었다. 미국 유학 가기 전까지 배웠다.

　누군가에게 행복에 관한 질문을 받는다면 "행복은 주위에 널려 있다"라고 답할 것이다. 너무나 아름다운 것들이 삶 주변에 가득하지만 우리는 그 존재를 인식하지 못하며 살아가고 있다. 나이 들수록 근심, 걱정으로 인해 주변에 존재하는 아름다움과 행복감 그리고 고마움에 대해 둔감해진다.

　수업 시간에 배운 행복은 바로 느끼며 감사하는 것이었다. 아름다운 풍경이 있으면 경치를 즐길 줄 알고, 맛있는 음식을 먹거나 좋은 음악을 들으면 그 느낌을 말로 설명할 수 있을 정도로 느끼라는 것이다. 꽃이나 커피의 향기로운 냄새와 보드라운 옷이나 사람의 따뜻한 온기가 전해지는 피부 접촉까지도 우리를 순간순간 행복감에 젖게 한다. 신이 우리에게 준 오감을 많이 활용하는 사람일수록 더 많이 행복해질 수 있다. 미래를 알 수 없는 우리에게 지금, 이 순간을 즐기지 못한다면 행복은 없다. 언제나 행복은 미래가 아닌 현재다. 감사하는 마음으로 세상을 보면 밝아지고 평안해진다.

김홍걸 교수님으로부터 배운 행복 수업은 결국 자존감을 심어준 시간이었다. 세상과 삶에 대한 감사를 통해 긍정적인 마인드와 함께 마음의 평안을 얻을 수 있었다. 6개월의 특별한 배움은 대중 앞에서의 발표력뿐만 아니라 무엇이든 할 수 있다는 자신감도 길러주었다. 진정한 행복이 무엇인지 배웠다. 미국 유학 중 상처받으며 외로울 때 나는 핵심 강사 과정을 떠올렸다. 이때 배운 행복을 되새기며 행복하려 노력했다. 그리고 자기 성장의 시간으로 활용했다. 행복이 무엇인지 배웠기에 가능한 일이었다. 행복에 대한 깨달음을 주신 김홍걸 교수님께 깊은 감사의 마음을 전한다.

# 6

# 또 하나의 도전 토론토 대학교

　중학교 1학년, 한창 예민했던 사춘기 시절 우연히 내 인생의 전환점을 맞이했다. 갓 초등학교를 졸업하고 본격적으로 대한민국의 교육에 적응해갈 무렵 3P에서 주관하는 단무지 행사를 통해 독서가 내 인생에 자리 잡기 시작했다. 처음엔 별 뜻 없이 아버지의 강제에 못 이겨 단무지 행사에 참여하게 되었지만 독서가 이끄는 매력을 사뭇 느낄 수 있었다.

　나보다 먼저 단무지 행사를 다녀온 후 아버지는 대구에서 진행되는 독서 모임에 매주 꼬박꼬박 참석하셨다. 자연스레 나에게도 권유를 하셨지만 괜스레 독서 모임이란 타이틀에 적지 않은 부담이 느껴졌다. 아버지의 첫 권유로부터 약 3개월 후, 나 또한 독서 모임에 참석하게 되었다.

　첫 모임은 아직도 기억이 생생하게 날 정도로 어린 나에게 신선한 충격을 안겼다. 교과서와는 달리 책으로부터 전해지는 삶의 지혜를 느낄 수 있었고, 따뜻한 말이 오고가는 사람 냄새와 격려와 칭찬으로부터 오는 자존감이 나를 독서와 독서 모임에 몰두하게 만들었다.

약 2년을 모임에 참석했다. 불참한 날을 꼽는 것이 빠를 정도로 가능한 모든 모임에 참석하려 노력했다. 독서 모임에서의 2년은 지금의 날 만든 뿌리와 같은 존재다. 책을 읽는 습관이 잡히니 서서히 의식이 확장됨을 느낄 수 있었고, 아버지로부터 배우는 경험의 지혜와 더불어 비교적 빠른 성장을 이룰 수 있었다.


그런데 책을 읽을수록 놀라운 점이 아직도 배우지 못한 것들이 많다는 것이었다. 더 깊은 생각을 가지고 싶다는 욕심이 생겼다. 그래서 도전하게 된 것이 바로 '논어 필사'다.

물론 논어를 처음 손에 쥐었을 때 난 좌절했다. 아직 내가 도전할 단계가 아닌가? 나이도 어린데 공자님의 말씀을 이해할 수 있을까? 그만 포기하려 했다. 하지만 아버지께서는 지금 당장 이해 못하는 것은 당연하며 느껴지는 것이 없어도 뭐라도 쓰라고 말씀하셨다.

논어의 첫 구절과 함께 내 생각을 쓰기 시작했다. 두 줄에 불과했다. '무슨 말씀인지 모르겠다. 이해가 안 된다'. 하지만 6개월 후, 난 달라져 있었다. 최소 6줄 이상을 쓰게 되었고 생각에 자신감이 붙었다. 더불어 글쓰기 실력이 향상되어 의식의 확장이 일어남을 몸으로 느낄 수 있었다.

나의 첫 번째 의식 확장은 독서 모임에서, 두 번째 확장은 논어 필사에서 비롯되었다. 또한 여기에 더해 내 인생에서 여행이 빠진다면 허무할 만큼 아버지와 함께한 여행이 큰 부분을 차지한다. 초등학교 3학년 때부터 중학교 3학년까지 매년 아버지와 함께 해외여행을 다녔고 눈으로 직접 담은 세계의 모습에서 그 무엇보다 많은 것을 가슴으로 느낄 수 있었다.

캄보디아를 시작으로 북유럽까지 세상에 존재하는 빈부격차에 대해 많은 것을 깨달았다. 책이나 미디어를 통해 표면적이고 부분으로만 파악했던 빈부격차의 현실은 생각보다 참담했고, 보스니아에서 마주쳤던 어린 집시의 존재는 내 인생의 가치관에 큰 영향을 끼쳤다. 여행을 통해 세상의 다양한 모습을 접할 수 있었고, 이로써 내가 지녀야 할 마음가짐과 가치관은 무엇인지에 대한 고민을 수없이 했다.

나에게 중학교 3년이란 시간은 이성과 현실 사이의 공백을 채우는 시간이 되었고 평생에 걸쳐 지녀야 할 가치관을 자리 잡게 했다. 그 가운데 독서와 여행이 큰 부분을 차지했고 또한 아버지와의 추억을 쌓는, 다시는 돌아오지 않을 행복한 청소년기를 보냈다. 여기에 내 인생의 또 다른 전환점이 찾아왔다.

논어 필사와 여행을 통해 성장한 나의 모습과 성공 가능성을 봐주신 아버지께선 중3 때 미국으로 유학을 보내주셨다. 3년간 공부했던 나 자신을 시험해보고 싶은 마음이 컸다. 이 정도면 다 자랐다고 생각했고 이제는 모든 일을 스스로 잘 해낼 수 있을 것이란 희망이 날 사로잡았다.

하지만 그것은 큰 착각이었다. 현실에서의 난 어리고 작은 그저 16살의 소년이었을 뿐이다. 부모님의 곁을 떠나 맞이한 세계는 상당한 충격과 고통을 안겼다. 다양하고 예상치 못한 상황들이 내 발목을 잡았고 그때마다 의지하고 해결해야 할 사람은 바로 나 자신이었다. 많이 무섭고 떨렸다. 하지만 그 시간들이 모여 결국 경험의 지혜가 되었다. 독서와 논어 필사를 통해 배웠던 이성적 가르침들을 현실에서 나에게 시험해본 중요한 시간들이 되기도 했다.

2019년 난 캐나다로 유학을 갔다. 12학년이 된 어느 날 학교에서는 학생회장을 뽑는다는 소식이 들렸는데 난 한 치의 주저도 없이 서명란에 내 이름을 쓰고 지원했다. 학교에 한국인이 거의 없는 터라 당선될 기대도 안 했을뿐더러 고등학교 시절의 마지막인 만큼 그저 다양한 경험을 해보고 싶은 마음뿐이었다.

투표가 진행되기 일주일 전 전교생이 보는 앞에서 후보자들 간의 토론이 진행되었다. 핵심강사협회에서 배운 스피치 능력으로 차분하게 나의 생각들을 정리하며 발표해 나갔다. 자신만의 생각을 가지고 발표를 한다는 것은 보통일이 아니란 것을 그때 절실히 느꼈다. 그런데 일주일 후 난 당선이 되었고 학생들로부터 가장 진정성 있는 스피치를 했다는 말을 들을 수 있었다. 이 모든 것이 바로 독서와 논어 필사로 인한 의식 확장과 핵심강사협회에서 배운 스피치 능력 덕분이었다.

학생회의 회장을 맡아 학교를 위해 일한다는 것은 결코 쉬운 일이 아니었다. 대학교 입시를 위해 성적 관리를 하기도 만만치 않았는데 다달이 진행되는 이벤트를 준비하는 것은 두 배의 노력을 필요로 했다. 하지만 자리에 대한 책임감을 중요하게 생각했기에 시간 분배를 잘해 공부와 학생회 모두 성과를 내야겠다는 생각을 했다. 여러 가지 이벤트를 준비하는 와중에도 리더로서 가져야 하는 다양한 요소들을 깨달을 수 있었다. 내가 학생회장이란 직책을 맡아 일 년을 보냈던 것은 많은 수고를 필요로 했지만 더 많은 가르침을 받을 수 있었던 가치 있는 시간이었다.

그렇게 고등학교 생활을 마쳐갈 무렵 내 마지막 목표는 토론토 대학교로의 진학이었다. 마치 꿈만 같던 대학, 캐나다로 유학을 가게 되며 가졌던 단 한 가지 목표인 바로 토론토 대학교에 도전하기로 결심했다. 이 대학교에 입학하기 위해 다양한 입시 정보를 연구했다.

캐나다 대학교는 12학년 성적 중 6개 과목의 평균을 기준으로 평가한다. 모든 학과에서 각기 요구하는 수업들이 있고 학생은 그 학과에서 요구하는 수업을 반드시 들어야 한다. 또한 요구하는 평균 성적이 있다. 예를 들어 어떤 대학교는 80점, 어떤 대학교는 85점 등, 6개 과목의 평균 성적을 대학에서 요구하는 성적에 맞춰야 한다.

게다가 국제 학생들은 IELTS 시험을 기본적으로 통과해야 하는데 캐나다나 영어를 쓰는 국가에서 4년 이상을 공부하면 필요가 없다. 물론 개개인의 상황에 따라 조건이 달라지니 개인이 잘 알아보아야 한다. 기본적으로 IELTS 시험은 그저 6.5점만 맞으면 된다. 더높은 점수를 받으면 더 호의적이지 않을까 하는 생각을 할 수 있지만 6.5점만 맞으면 충분하다(어떤 특정한 학과는 7.5점을 요구하는 학과도 있으니 본인이 원하는 학과의 기준을 잘 살펴봐야 한다).

캐나다 대학교들은 대학에서 요구하는 성적만 잘 맞추면 입학하기 수월해진다. 한국 대학교와 달리 상대 평가가 아니기 때문이다. 이렇게 파악한 입시 정보를 바탕으로 차분하게 준비를 하니 그동안의 노력의 성과로 나는 토론토 대학교에 합격할 수 있었다.

내가 토론토 대학교를 입학할 수 있었던 가장 중요한 이유는 바로 사색에서 비롯되었다고 생각한다. 외국 교육에서 '생각'이란 정말 큰 부분을 차지한다. 물론 문제를 푸는 시험도 있지만 대부분의 과제들이 정보를 수집하거나 자신의 생각을 쓰는 에세이로 이루어졌기 때문이다. 외국에서 내가 공부에 흥미를 가지게 되었고 성적을 잘 받을 수 있었던 것은 바로 내 생각을 쓰는 에세이 과제가 많았기 때문이다. 논어 필사를 통한 글쓰기, 인문 고전으로 넓힌 생각의 범위는 나로 하여금 외국 교육을 잘 받아들일 수 있게 해준 원동력이 되었다.

또한 발표로 진행되는 시험들도 많았다. 그럴 때마다 난 항상 반에서 일등을 했고 선생님으로부터 칭찬을 들었다. 일정한 톤, 정확

**UNIVERSITY OF**
# TORONTO

May 21, 2020

Beomjoo Kim
63 Burndale Ave.,
North York, ON M2N1S6
Canada

Dear Beomjoo,

We are delighted to offer you a place at the University of Toronto. Your record of achievement has distinguished you in a pool of highly accomplished applicants and you have been selected for admission in the 2020-2021 academic year to International Foundation Program at the Faculty of Arts and Science with membership to New College. Congratulations! Successful completion of this program will confirm admission for the 2021-22 Fall/Winter Session to Social Sciences at the Faculty of Arts and Science.

At the University of Toronto, we are committed to helping you reach your highest potential. We believe you will be an excellent addition to a community of scholars who share a passion for learning, a deep curiosity about the world and a commitment to making a difference. You'll have a chance to learn from professors who lead in their fields and to benefit from the resources of a major international institution. You'll make friends with others who share your interests and aspirations.

Some important logistics:

- Legally speaking: Please read the Terms and Conditions of this offer outlined in your Join portal.
- Accept your offer via Join. Your response must be received no later than June 01, 2020.
- **You must apply for a study permit as soon as possible, using the letter of acceptance attached on the second page of this admission package.**

Once again, congratulations. We hope that you will take this opportunity to write the next chapter of your life at the University of Toronto and make your distinctive contribution to our proud legacy of excellence.

Sincerely,

Meric S. Gertler
President

Melanie Woodin
Dean

Bonnie McElhinny
Principal

토론토 대학교 합격 통보 편지

총 4년간의 고등학교 유학 기간 동안

수많은 시련들이 날 아프게 했고 무너지게 만들었지만

이는 무엇과도 바꿀 수 없는 소중한 시간으로 남게 되었다.

합격의 기쁨으로 차오르는 내 마음속에 떠나지 않는 생각은

항상 나를 믿어주시고 바른 길로 인도하며

도와주신 아버지 어머니께 대한 고마움과 감사다.

한 발음, 청중과의 눈 마주침이 나의 필살기가 되었다.

총 4년간의 고등학교 유학 기간 동안 수많은 시련들이 날 아프게 했고 무너지게 만들었지만 이는 무엇과도 바꿀 수 없는 소중한 시간으로 남게 되었다. 이것이 가능한 까닭은 한국에서 중학교 1학년 때부터 3학년까지의 3년이 외국에서 잘 적응할 수 있는 자양분과 같은 역할을 해주었기 때문이다. 지금 합격의 기쁨으로 차오르는 내 마음속에 떠나지 않는 생각은 항상 나를 믿어주시고 바른 길로 인도하며 도와주신 아버지 어머니께 대한 고마움과 감사다.

한때 세계 평화에 기여하는 UN 사무총장을 꿈꿨던 나에게 토론토 대학교 합격은 그 첫 걸음이다. 쉽지 않은 과정이 기다리겠지만 나는 도전할 준비가 되어 있다.

# 나를 키운 은인들

이 글을 쓰기 전에는 특별히 기억나는 일 없이 무난하고 평범한 학창시절을 보냈다고 생각했다. 출간을 위해 지나온 시간들을 더듬어 보니 생각 밖으로 많은 추억이 되살아났다. 공부 못해 스트레스 받던 사춘기 시절, 3P의 단무지 행사를 통해 알게 된 독서 모임, 부자지간의 해외여행, 그리고 아버지의 강압(?)으로 시작하게 된 논어 필사……. 그러나 논어 필사를 통해 생각하는 힘을 키웠다. '내 생각'이 왜 중요한지 알게 되었으며 끝까지 완주할 수 있는 끈기를 배웠다. 또한 무엇이든 할 수 있다는 자신감도 가지게 되었다. 매우 힘든 여정이었지만 마치고 난 후의 나는 완전히 다른 사람이 되어 있었다. 정신적으로 많이 성장한 느낌이었다. 돌이켜보면 나는 특별한 학창시절을 보냈다.

그 밖에도 최연소 독서 리더, 3P 매거진 인터뷰, 아버지와의 상해 캠프, 스피치&행복 수업, 독서 공모전 당선, 전교 학생회장 등 많은 추억이 생각났다. 이 글을 쓰는 과정은 어렵고 힘들었지만 나의 십대를 정리할 수 있어 의미 있고 보람된 시간이었다.

나는 좋은 환경에서 자랐으며 운이 좋은 사람이다. 부모님의 관심과 사랑뿐만 아니라 지인들의 많은 칭찬과 격려, 응원을 받았기 때문이다. 그것이 없었다면 오늘의 나는 존재하지 않았을지도 모른다. 나를 키운 사람들의 8할은 주변 사람들이라 해도 과언이 아니다. 주변의 좋은 사람들로 인해 공부를 못해도 주눅이 들거나 힘든 시간을 보내지 않았다. 오히려 자신감을 얻었다.

"감사합니다."

주변 사람들에게 이렇게라도 감사를 전하고 싶다. 그들 모두는 나의 은인이다. 나는 내가 받은 사랑을 이웃과 사회를 위해 갚을 수 있도록 노력하는 사람이 될 것이다.

항상 웃는 얼굴로 반갑게 맞아주시며 칭찬과 격려를 아끼지 않으신 강규형 대표님, 인생에 도움이 되는 좋은 말씀을 많이 해주시는 김형환 교수님, 삶에서 가장 중요한 행복을 일찍 알게 해주신 김홍걸 교수님, 실력과 인품을 두루 갖추신 스승 이인희 선생님, 푸근한 인상으로 항상 대단한 십대라고 칭찬해주시는 이재덕 강사님, 좋은 영향력과 긍정의 에너지를 주시는 김용식 선배님, 나에 대한 칭찬의 글을 써서 감동을 주신 이경민 선배님, '같이' 독서 모임의 모든 선배님들, 감사합니다. 그 밖에도 고마운 분들이 많지만 일일이 다 열거하지 못해 죄송합니다.

내가 가장 존경하고 사랑하는 아버지, 항상 따뜻한 마음으로 포근하게 감싸주시는 어머니, 스케일이 매우 커 역시 맏이라는 소리를 듣는 민선 누나, 까칠한 성격이지만 정이 많고 예쁜 민지 누나에게도 고마움을 전합니다. 그리고 나를 너무나 사랑하시는 외할아버지와 외할머니에게도 감사를 전합니다. 집안의 장남이라고 항상 엉덩이 두드려 주시며 대단하다고 칭찬해주시는 할머니께도 감사드립니다.

마지막으로, 나를 가장 아끼고 사랑해주셨던 할아버지. 장례식에 참석 못한 불효를 사죄하고자 저의 존경과 사랑을 담아 이 책을 할아버지께 바칩니다. 하늘나라에서 장하다고 칭찬하시며 환하게 웃고 계실 할아버지 생각에 고개가 떨구어집니다. 이웃과 사회에 도움이 될 수 있는 사람으로 성장하겠습니다. 감사합니다.